常通 著

THE POWER
OF
TOLERANCE AND PATIENCE

忍耐的力量

中国商务出版社
CHINA COMMERCE AND TRADE PRESS

传临济正宗第四十四代净慧本宗老人今将

正法眼藏佛祖源流　咐嘱

第四十五代常通明一禅人善自护持勿令断绝

表信偈曰

一法通时万法通，常悬宝镜照魔宫。

此心不动谁为敌，打破虚空色色融。

01　2010年9月17日净慧长老传临济法脉给明一法师
02　正法眼藏　佛祖源流　临济宗派　法卷 >>

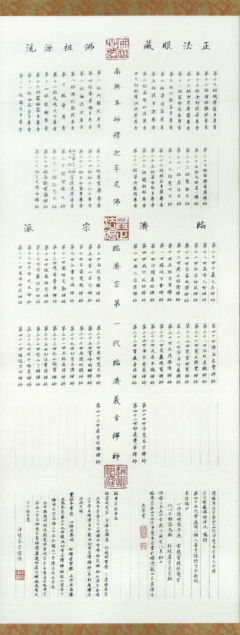

正法眼藏　佛祖源流

祖祖心燈

南無本師釋迦牟尼佛

第一祖摩訶迦葉尊者
第二祖阿難陀尊者
第三祖商那和修尊者
第四祖優婆毱多尊者
第五祖提多迦尊者
第六祖彌遮迦尊者
第七祖婆須蜜尊者
第八祖佛陀難提尊者
第九祖伏馱蜜多尊者
第十祖脇尊者
第十一祖富那夜奢尊者
第十二祖馬鳴大士
第十三祖迦毗摩羅尊者
第十四祖龍樹大士
第十五祖迦那提婆尊者
第十六祖羅睺羅多尊者
第十七祖僧伽難提尊者
第十八祖伽耶舍多尊者
第十九祖鳩摩羅多尊者
第二十祖闍夜多尊者
第二十一祖婆修盤頭尊者
第二十二祖摩拏羅尊者
第二十三祖鶴勒那尊者
第二十四祖師子尊者
第二十五祖婆舍斯多尊者
第二十六祖不如蜜多尊者
第二十七祖般若多羅尊者
第二十八祖菩提達摩尊者
第二十九祖慧可大師
第三十祖僧璨大師
第三十一祖道信大師
第三十二祖弘忍大師
第三十三祖慧能大師
第三十四祖南嶽懷讓禪師
第三十五祖馬祖道一禪師
第三十六祖百丈懷海禪師
第三十七祖黃檗希運禪師

臨濟宗派

臨濟宗第一代臨濟義玄禪師

第二世興化存獎禪師
第三世南院慧顒禪師
第四世風穴延沼禪師
第五世首山省念禪師
第六世汾陽善昭禪師
第七世石霜楚圓禪師
第八世楊岐方會禪師
第九世白雲守端禪師
第十世五祖法演禪師
第十一世圜悟克勤禪師
第十二世虎丘紹隆禪師
第十三世應庵曇華禪師
第十四世密庵咸傑禪師
第十五世破庵祖先禪師
第十六世無準師範禪師
第十七世雪巖祖欽禪師
第十八世高峰原妙禪師
第十九世中峰明本禪師
第二十世千巖元長禪師
第二十一世萬峰時蔚禪師
第二十二世寶藏普持禪師
第二十三世東明慧旵禪師
第二十四世海舟普慈禪師
第二十五世寶峰明瑄禪師
第二十六世天奇本瑞禪師
第二十七世無聞明聰禪師
第二十八世月心德寶禪師
第二十九世幻有正傳禪師
第三十世天隱圓修禪師
第三十一世玉林通琇禪師
第三十二世茆溪行森禪師
第三十三世晦山戒顯禪師
第三十四世默安行秀禪師
第三十五世紫竹成林禪師
第三十六世碧峰明空禪師
第三十七世萬如通微禪師
第三十八世牛時昇禪師
第三十九世大曉實徹禪師
第四十世紫柏玄基禪師
第四十一世超宗印空禪師
第四十二世妙蓮覺華禪師
第四十三世虛雲古巖禪師

虛雲祖庭

01

01 ᐜ净ᐟ慧老和尚
02 ᐜ明ᐟ一大和尚 >>
03 2004年在《正觉》编辑部 >>

02

03

慈骨化身大金塔

师父生前说："我走的时候比住旅馆还要方便，离开旅馆前要结账，我走连账都不用结。"

——明一法师

上净下慧老和尚

净慧长老：自赞[①]

2013年1月29日

早岁参禅悦，截流[②]识此心；

云门蒙授记[③]，赵州作主人[④]。

生活禅风立，修行不择根[⑤]；

把握在当下，电光石火顷。

七旬承道信，八旬侍弘忍[⑥]；

五载当阳道，玉泉度门兴[⑦]。

宝掌千年寿，虚公百廿春；

同参东西祖[⑧]，道绝去来今。

注释

① 长老于壬辰年腊月十八写下此诗，交给崇戒打印，并嘱暂时不要发表，也暂不要交给马明博居士编入诗集。未曾想长老竟于2013年4月20日安详示寂。经请示明海大和尚同意，此诗收入《经窗禅韵》。—— 崇戒注

② 截流，指禅修时观照己心截断妄流。

③ 指1952年虚云长老为师传法授记事。

④ 1988年，师应请主持赵州祖庭兴复工作。

⑤ 师提倡的"生活禅"法门，普润群根。

⑥ 2003年，师71岁时，驻锡黄梅四祖寺；2013年，师81岁时，应请为五祖寺方丈。

⑦ 2003年至2008年，师在湖北当阳重兴玉泉寺、度门寺。

⑧ 黄梅西山正觉寺为禅宗四祖道信禅师道场，东山五祖寺为禅宗五祖弘忍禅师道场。师兼任这两座禅宗祖庭的住持。

01

02

01　净慧长老追思大会 <<
02　痛失引路人 <<
03　最后送一程
04　走慢一点
05　荼毗现场
06　拜别
07　举火
08　莲生碧波　无见顶相（净慧长老头顶骨舍利）

含悲续传生活禅

01

    老和尚走了，自己现在是背水一战。就像"犹如船子覆船去"写的一样，自己没有可依赖的了！自己没有可依靠的了！自己没有大树好乘凉了！自己没有可询问指导的人了！

    法眼寺目前还不能没有自己，法眼寺还要继续下去，千头万绪再复杂也要扛起来，这是老和尚的遗愿。

——明一法师

「把静坐中的功夫应用到生活中去，是修行的最好方式之一，也是师父提出的"生活禅"的落实。」

「师父提出的"生活禅"理念就是：认真扫地是禅，认真做饭是禅，认真睡觉是禅，洗碗是禅，劈柴是禅，挑水是禅，当你的心安住在当前所做的事情中不去胡思乱想，那就是禅。」

满足众愿话升座

01

　　佛教讲庄严国土，利乐有情。既有形式上的表现，也有内容上的意义。升座中庄严道场的种种铺排和活动，也算是一种形式上的表现。因为这样可以让一些人对佛教的信心建立和坚固起来。这才能达到"令未信者生信，令已信者增长"的弘扬佛法的目的。

——明一法师

02

01 2013年9月19日中秋节升座 <<
02 晋院
03 大殿拈香
04 上堂演妙法

03

04

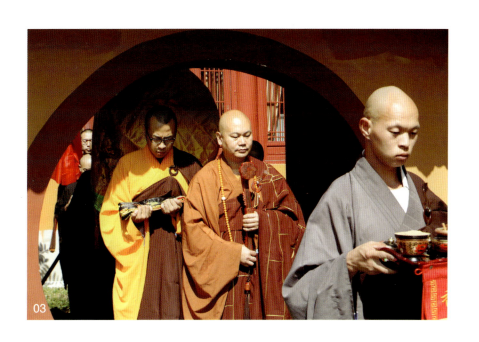

黄檗禅板续添薪，沩山拄杖重雨法。
承担新纪生活禅，报恩不负老如来！

——明一法师晋院法语

于一毫端现宝刹

01

02

　　出家人住丛林，所谓林下相遇，只谈因果，山间作伴，莫负烟霞。个个为自己的生死大事默默耕耘，哪有时间和精力去管别人的事情，所以丛林也叫阿兰若（寂静处）。即使久别亲朋，也是三言问安，两语因果，更无别语。

——明一法师

01 不负烟霞
02 无念祖师塔（息影塔）
03 银杏树下
04 法眼寺行脚
05 禅房就在云深处 >>
06 无念湖 >>

春有百花秋有月，夏有凉风冬有雪。
若无闲事挂心头，便是人间好时节。

——（宋）无门慧开禅师

住庙学子好用功

　　一切功德皆由禅定出，禅修是最圆满的供养功德。诸供养中，法供养最为殊胜。而无声的说法又是佛教中最究竟的说法。所以，禅修这种无声的说法就是最圆满的供养。自己决定一定要让禅修在法眼寺坚持下去，要让法眼寺禅堂的香不断绝。

——明一法师

01

02

03

04

05

06

07

忍耐的力量

我们的一切问题都来自于忍耐力不够。修行就是从修我们的忍耐力开始，逐步提高。提高一点是一点，一直提高到一切都能忍耐，一切都能接受。这样就没有烦恼了，就没有二元对立了，就解脱了，我们就和佛一样了。

——明一法师

01

02

03

04

01 签名赠书
02 揭开佛教神秘的面纱
03 遮眼图>>
04 法眼寺短期出家>>

03

04

照片提供：法眼禅寺

序

是日，天将破晓，忽见一条微信，"你有空帮着写个序吧"。是 N 年不曾联系的明一法师（此书中署名为常通法师）发来，在业习的认知里，相当于学生为老师的著作写序，呵呵——念起处，止。后一念：好吧，听招呼。

窗外蝉鸣，暑热蒸腾。埋头拜读十几万字的书稿。于法师的文字较为熟悉，缘于六年前，通读过"明一法师博客"的日记，全部是法师自己专注禅修用功夫的心得，自然备受吸引。一是为自己受用而学习，二是为《禅》刊选稿子。法师日日不辍地分享自己的禅修体验，无私无畏无挂无碍，虽为文字相，并无意于遣词造句，更无修饰与雕琢，只是剖白出自己闻思修的心路历程，将心得与大众分享。字里行间，活泼泼地呈现着一位禅者的信愿行。于学人相当于天天在亲近策砺自己的善知识，如同明一法师在禅堂里手持警策香板，大步经行，香板举处，令学人时时提起觉照。

修行的道路艰难而坎坷，法师慈悲，在自己走过的路上，为我们做了前行的记号。这些心血与汗水凝成的文字，作为修行手册，令后学在跋涉的途中有了指路牌。无论是通过写日记，面对面地交流，讲座，接受媒体的采访，与听众的答疑、互动……都是法师真实的体证。字字皆由体验来，句句出自深心处。功能在于导向学人离贪嗔痴之苦海，达戒定慧之通途。

恩师净慧老和尚要求弟子"要做得出来，说得出来，写得出来"。法师说，写日记是他修行的一门功课，坚持写日记并公之于众，一是鞭策自己，二是"令未信者生信，令已信者增长"。法师对这些文字只问耕耘，不问收获。谁都可以批评，谁都可以转载，谁都可以采用。

据日记载，法师夜十一时至凌晨二时为睡眠时间。醒来后就是做功课，很多日记是每天凌晨三时写就。直心、恳切、勤奋、勇猛——眼睛接触着法师的日记，内心生出感慨，曰读后感：

每有言句皆真诚，直心无碍大愿行。

赴汤蹈火精进力，忘形灭迹显神勇。

随缘应现不含糊，无有向背且从容。

如是初心承先祖，生活禅人纳海众。

　　无论在哪个季节，在哪个地域，当我们翻开这本书，通过其中的文字向内观照的时候，我们就有机会与明一法师在忍耐的清净海会中同愿同行了。如此这般，安详与自在，当下现前。

明睿居士于石门

佛历二五六〇年七月朔日

Contents

目录

第一章

修行就修忍耐力

-❦ 积极地接受一切 ❦-

自己总是说我们在任何境界面前都要面对一切、接受一切，很多人就觉得这非常消极。从佛法的角度来说没有消极与积极之分，因为佛法的终极平等是没有二元对立的。所以今天就想跟大家分享一下为什么要面对一切和接受一切，以及如何积极地面对一切和接受一切。

这个问题很简单：因为我们迟早都要死，死的时候能不面对一切吗？能不接受一切吗？只是我们现在还活着，还有点抵抗能力，所以我们不想面对，不想接受。事实上这一点点的抵抗能力是非常幼稚的，碰上稍微大一点的势力就不得不面对、不得不接受了。而且这个不面对与不接受就注定了我们不得解脱。因为不面对与不接受使我们陷入重重困境。而事实上当我们死亡的时候，还不是要面对与接受？！与其在那样被迫无奈的时候去面对与接受，不如当现在还有能力抵抗的时候就去积极地面对、积极地接受。

所以，自己常常赞叹那些在有能力抵抗的时候去面对与接受的人，说他们是英雄。反过来，被逼着去面对与接受的人就成了狗熊。自己也常常鼓励身边的人，要咬牙切齿地去面对与接受，要冒充一次英雄、硬充一次好汉地去面对与接受。

如何积极地去面对与接受呢？在佛教里有所谓的八万四千法门，也就是说有很多很多办法让我们能够做到去积极地面对与接受。最简单的就是在我们的日常生活中"业"的制造和消除。因为我们一天到晚24小时都在不停地造"业"。

比如泡一杯茶，我们要买茶、烧水，然后供养他人。这当中的损耗是过失，供养是功劳，功大于过，所以我们就泡这杯茶。若是过大于功，我们可能就不去泡这杯茶了。这就是我们折腾的过程。按照佛法来讲就是在造"业"。那么是不是说我们不折腾就解脱了？不是！那为什么要折腾呢？因为在泡这杯茶的过程中，不但有物质的结果，还有精神的结果。

在做事情的过程中，我们会养成一个习惯，产生我们的价值观、成见、意志力，等等，这些沉淀下来的东西会带到我们明天的生活中去。这被我定义为意识形态的"业"。

如果我们在做事情的过程中，养成一个好的习惯、正确的价值观，使我们明天的生活更好过，这个就叫业障消除；如果养成一个坏习惯，非这种茶不喝，非这种水不用，甚至坑蒙拐骗、不劳而获，那明天的日子就没法过了，也叫业障现前。

所以为什么要折腾？因为在折腾的过程中就把我们的业消了或是累积了。所谓"万般带不走，唯有业随身"就是这个业。我们佛教徒讲消业，用毛泽东的话来讲就是改造世界观。如果你不折腾，你的业永远变不了，永远在轮回。金刚经里讲"应无所住而生其心"，你必须要折腾来折腾去，只有不断地折腾，才可能改变业。

佛法就是这么简单，就是这样解决问题。因为我们处在这么苦的世间里面，就是想折腾，把自己折腾得解脱了。那么如何解脱？很简单，就是接受！绑着就绑着嘛，接受它，就解脱了。很多公案，比如说仰山不假绳索出千尺之井，他师父沩山喊了一下"寂子"，他回答"哎"就出来了。这就从他执着的事件里面解脱了。接受了，就解脱了，不接受，就永远在下面困着。绳子只能捆住挣扎中的你，捆不住接受的你。金礜峰禅师说："阎王欲锁金礜峰，犹如锁链锁虚空。锁链锁得虚空住，方可锁我金礜峰。"他接受了，再捆他就没意义了。只有不接受，才被捆住了。所谓迷，就是不接受。

很多禅师认命到被女人冤枉说肚子里的孩子是他的，他都接受，说：生下来他养。认命到这种程度的时候，什么东西能捆住他？这样自性也就现前了，就在你的当下。实际上我们都是被折磨得无法忍受了，才想翻身，不都是这样吗？

这些都是在还有能力抵抗的时候就接受的例子。如果你想像他们一样潇洒地生活，就积极地去接受吧！因为抵抗毫无意义。即使通过抵抗，得到了眼前一点点的满足，最终还是空，都要失去，都要解散。所以我们还是要积极地、努力地去接受。

-❀ 正好解脱 ❀-

人们最怕的是未来的不确定，总是在担心未来会如何，总希望未来在自己的掌握之中。这就让人们堕落到轮回里面去了，这也和世界的不稳定规律或者佛教的无常观是相违背的。因为未来必然是不确定的、无常的。

我们一切问题的根源都来源于自心，这些问题引发了我们的不安，使我们陷入困惑，导致了我们不得解脱。表现出来的就是对一切事物的不满和不接受。喜欢的事情我们希望永远持续下去，不喜欢的事情不愿沾边。如果反过来，我们对一切都接受，一切对于自己来说都正好的话，那我们不就解脱了吗？！

接受的越少，解脱的程度越低；接受的越多，解脱的程度越高。这就是佛法教给我们的解脱之道，这就是我们了生脱死的入门钥匙。佛佛祖祖的各种办法就是告诉我们为什么一切都正好，希望我们明白一切都正好，希望我们亲身体会到一切都正好。

这就是学佛的所谓"闻、思、修"三步。只有经历了了解、思考、亲证，我们才能彻底接受"一切都正好"的理念，知道如何让自己得到解脱，并可以亲身去体验解脱的办法。

所以，在现实生活中如何去落实接受一切，这就是我们的修行。这个道理很简单，做起来实在是困难重重。不要说接受生死问题了，就是让你喝一大口 100℃的开水，或者是让你喝一大口冰水，我们的身体都是接受不了的。何况我们日常生活中会有很多很多比喝水更困难的事情。无论是身外之事还是身体内部的感受，要想让我们做到一切都接受，那真的是千难万难！所以我们的人生会遇到很多圣贤教导我们如何去接受，佛法就是其中之一。

佛法教导我们要做功夫，要锻炼自身的能力，要让我们的接受能力上一个台阶，也就是要优化自身的素质。这在佛教里叫作庄严国土。把自己的接受能力提高了，接受范围扩大了，接受程度深厚了，这就是所谓的修行做功夫。

如果一开始对接受能力的要求定得太高，而人们实际的接受能力太低，那会把人吓跑。所以，我们要以"温水煮青蛙"的方式，把训练的目标一点一点地提高。这样的办法在佛教里有很多很多，所谓的八万四千法门，可以适合所有的众生。

随着接受能力的提高，我们开始一点一点地得到解脱。生活质量开始提高，我们就有了一点点帮助别人的资本，可以用自己的实例告诉身边的人如何解脱、如何帮助别人，这在佛教里就叫利乐有情。

所以，佛教就这八个字："庄严国土，利乐有情。"当大家的生活都处于"正好"或者说是接受一切的时候，我们所处的世界就是极乐世界了。因为我们再也不用害怕未来会如何了，我们接受了未来的不确定。我们的能力能够让我们接受一切了。

❧ 一切都正好解脱 ❧

如果我们一切都能接受的话，我们的生死大事就了了。但是，因为我们有了这个色身，已经难以做到一切都接受了。那么在这样的情况下，如何尽量地了我们的生死大事呢？

达摩祖师的《二入四行论》里讲到随缘行。"随缘行者，众生无我，并缘业所转。苦乐齐受，皆从缘生。若得胜报荣誉等事，是我过去宿因所感，今方得之，缘尽还无，何喜之有。得失从缘，心无增减，喜风不动，冥顺于道，是故说言随缘行。"这实际上就指出了我们应该一切都接受。好事来了，早该来的现在才来已经晚了有什么可高兴的；坏事来了，早该到的现在才到已经赚了，有什么可沮丧的。我们只要保持一颗平常心去面对这些好与坏就行。事实上，一切的好与坏就是我们的心不安的表现。把一切认为是正好、正需要，我们的心就安了。可惜的是，我们做不到或者是不愿意做，就好像我们不愿意解脱一样。

事实上，不接受又如何？如果有一天色身已无能力抗争，我们无法不接受眼前的困境，我们还不是要去面对，还不是要去接受？而且这里的"困境"实际上是我们自己强加的，是我们自己制造的。在这些"困境"面前，我们是在还有能力抗争的时候就放下，还是在被逼到没有能力去抗争的时候才放下，这就显出了英雄与狗熊的区别了。结果都是放下，但是在有能力抗争的时候就放下那是很难做到的。我们大家基本上都是在被逼无奈之后才放下。

所以，在迟早要放下的时候，与其当个狗熊，不如用我们当下的能力来冒充一下英雄，充当一次好汉。在我们有能力的时候就放下，就去接受。我们会发现面对的一切都正好，眼前的一切都刚刚好是自己所需要的。这个时候我们的生活解脱了，我们的工作解脱了，我们的学习解脱了，我们的修行解脱了……这个时候我们的一切都正好解脱了。如果时时刻刻念念都这样正好的话，我们的生死也解脱了，我们已经修行毕业了。

这个"正好"实际上就是佛。我们所看到的下一尊佛——当来下生的弥勒菩萨的形象就是一个大肚子的形象。这个形象很生动，有个大肚子一切都接受，一切都正好放下。这就是佛，这就是将来会成佛的形象。实际上，我们的俗语里也有这样的话："宰相肚里能撑船。"

接受一切，一切都正好就是我们修行的目标。有很多办法可以实现这个目标。从佛教来说有八万四千法门；从现实生活来说，有各种不同的办法；从修行的角度来说，有各种历练手段。我们每一个人都可以通过各自的办法来实现这个目标。

⚘ 接受程度分法界 ⚘

自己总在说接受一切了，生死就了了。这个道理很简单，大家也很容易接受，但是做起来太难了。不要说生死那么远的事情，就是身边很简单的事务我们都常常不能接受。即使是很有修行的人也有很多事情无法接受，比如饥饿，比如寒冷……

大家可以做个实验：在一个小时之内，我们遇到了多少个无法容忍或者是不能接受的事情？一天 24 小时无法容忍、无法接受的事情有多少？我们自己清楚。所以应该知道我们是如何与觉悟背离了。生活中的事情就有这么多无法容忍或者说是无法接受，更何况生死这样的大事情。所以，我们一上来就讲什么接受生死大事，实在不知差到哪里去了。

接受生死不是件容易的事，就是接受现实生活中的一切事情也没有那么容易。在我们拥有色壳子的情况下，不可能彻底解脱。佛经上说得很清楚，色壳子实际上是我们一个最大的痛苦，因为色身是我们贪来的。这个色身有很大的局限，比如拿喝茶来说，茶太烫了，没法喝；太凉了，也没法喝。但是，我们可以做到尽量多地接受，因为一切都接受了才能解脱。茶太烫了怎么办？慢一点喝呗。同样的道理，在日常生活中，天气的冷暖，饭菜的好坏，利衰苦乐，称讥毁誉，都要去接受。这叫"随顺世缘无挂碍，涅槃生死等空花"。接受了，对立和冲突就会越来越少。

有人又会说了，哪那么容易接受呢？遇到坏人坏事怎么接受？别人故意跟自己作对，怎么咽得下这口气？其实，这又是我们永不停歇的分别、妄想在作怪。因为我们往往是在贪嗔痴的驱使下看待一切人和事，这就很容易陷入我与人、我与社会、我与世界的二元对立，导致生活、工作、家庭等领域的全面冲突，带来无穷无尽的烦恼。可以这样说，能够接受越多的人，他解脱的越多；不接受的越多，生活就越痛苦。

从佛教的法界分别来说，不接受的越多，堕落的程度就越严重，最严重的就堕落到地狱里面去了，然后是饿鬼道、畜生道、人道、修罗道、天道、声闻乘、独觉乘、菩萨乘，最后一切都能接受的时候就是佛乘了。能够接受的越多就越解脱，一切都接受了就是弥勒菩萨，就成佛了。所以我们可以按照接受的程度来分所处法界的位置。

一个人的容忍度越大，接受事物的能力就越强，他的生活质量就越高；反过来，一个人的容忍度越小，接受事物的能力就越弱，他的生活质量就越低。这在我们自己和身边人的身上是可以体验出来的。

所以，我们要尽量去接受，尽量去容忍。即使做不到也要硬着头皮去做到。因为这是解脱之道，只有接受一切才能彻底解脱。实在做不到，我们可以先试着"不识好歹"，遇到任何事，我先接受。因为天底下没有全好的事，也没有全坏的事。用佛法来说，叫作无分别。

得失在过程中

现在经济发展高涨，科技发展和更新迅速，而文化的发展相对滞后，所以很多人疲于奔命。没有文化支撑的科技和经济发展，是会出现一些烦恼的。这些烦恼表现最典型的就是下面这三个问题：

一、如何在浮躁的现实社会中安定下来？

二、如何在竞争激烈的社会中少烦恼地为人处事？

三、佛教是如何经营其千年老店的？

这是目前社会上普遍存在的问题。那么佛教是如何面对这些烦恼的呢？

佛法教导我们出家人要行无为法。无为法是什么？简单来说，无为法就是不要太关注结果，而是要把我们的精力用于关注过程。这在毛泽东思想里面就是战略战术思想——战略上藐视敌人，战术上重视敌人。再简单一点来说，就是"只问耕耘，不问收获。"

很多人就问，那不是会失去我们的目标吗？我们的目的不就是为了有一个好的结果吗？这正是目前人们的问题所在。人们为了达到目标不择手段，为了达到目标拼命辛苦，为了达到目标……

事实上，目标的实现固然重要，但是实现目标的过程也很重要。因为目标实现了就完事了，以后会有新的目标。如果我们不会过少欲知足的生活，就会为了一个又一个的目标而去痛苦烦恼。事实上，我们的问题出在只在意实现目标带来的开心快乐，而不在意实现目标的过程中因解决问题带来的快乐和成就感以及自身素质的提高。我们做一件事情会有两个结果，一个是物质的，另外一个就是精神的。物质的结果就是我们所看到的目标的实现，精神的结果就是在实现目标过程中沉淀下来的习惯、价值观、成见、意志力、忍辱精神、思维模式、动手能力等与意识形态有关的内容。物质的结果是会消耗掉的，而精神的结果会带到明天。我们明天的所作所为实际上是以前的习惯、价值观、成见所指引的。所以，我们在做事情的过程中养成的精神结果也很重要，甚至比物质结果更加重要。

比如我们各种各样的学习可以说完全是在培养我们的精神结果。各种各样的学习都是在提高我们的素质。而且这些学习还要做到所谓的"活到老、学到老"。可见精神结果是何等重要。

明白了这个道理，开题中的三个问题就迎刃而解了。

物质文明建设和精神文明建设同时抓，就能解决很多很多的社会问题。只抓物质文明建设就会让社会失去平衡；只抓精神文明建设会让我们没有饭吃。所以在保证我们有饭吃的前提下多多提高自身素质就是硬道理。这就是佛教的无为法精神的落实，也是我们佛教徒常常挂在嘴边的"随缘消旧业，更不造新殃"的修行方式。

❀ 接受一切了生死 ❀

经常有人问，如何了生脱死？其实，生和死，是人们一个最大的"成见"，是无始劫以来思维上一种二元对立的结果。如果能做到看待一切是与非平等，好与坏平等，一切平等，这时候，生死也就平等了，自然就没有生死了。当然，这不是件容易的事，在我们拥有色壳子的情况下，不可能彻底解脱。佛经上说得很清楚，色壳子实际上是我们一个最大的痛苦。但是，我们可以做到接受，一切都接受。我现在就是一个典型的"不识好歹"的人，遇到任何事，我先接受。因为我知道天底下没有全好的事，也没有全坏的事。用佛法来说，叫作无分别。大家好像都喜欢用我，呵呵。为什么会喜欢用我？因为我好用啊！对于上面指派下来的活，哪怕是重复劳动，照样坚决执行，认真完成。当然，我曾经也是个认死理的人，爱较真，如今我发现，这归根结底是我的错。可以说，我现在认为一切现象都对，我啥都接受。

还有一个办法，遇到事情先"定"下来，给自己打一针

"封闭"，冷处理。有人就笑说，这是不是有点像强迫症啊？我说没错，是有点像强迫症，但管用啊。还记得小时候看《西游记》，孙悟空喊一声"定"，仙女们就被定住了，那时候觉得很好玩儿，没想到自己现在也用上这一招。当然，从佛法角度看，孙悟空用神通定住七仙女，是一种恶法，因为他的目的是能够去偷摘桃子吃。我们所说的"定"，是没有好也没有坏的。定下来以后，再用善法去处理一切二元对立的问题，这样自然智慧圆融。记得早年学佛的时候，别人问我，父母未生之前你是谁，我很快就回答说，这还不简单吗？妄想呗。在无始劫的轮回中，我们一刻也没停止过打妄想，一天之内就有13亿个念头，要想"定"下来，尤其想要得到很大的定力，只能靠禅修。大家知道，佛法被称为"戒定慧"无漏三学，禅修就是"三学"的中间状态。通过禅修最大限度训练我们的定力，时间一长，自然就会练就一颗淡定的心，遇到任何事情都从容不迫。

世间有一句话叫作"自古艰难唯一死"，自己也是因为这个而出家的，因为信佛之后发现自杀也死不了了。本来我的人生目标是想这一辈子玩个痛快，然后一死了之。可是佛教的轮回让自己发现连自杀也无法脱出轮回，也就是说自杀也解决不了生死问题。所以，自己学佛做功夫，享受到了学佛的各种好处和痛苦。到了今天体会到了一点点可以脱出轮回的观念，也就是说生死大事是可以了的。所以常常与大家分享自己这一点点的体会，因为和自己一样想了生死大事的人太多太多。佛教实际上就是教导我们如何了生脱死的，而且根据众生的情况不同有所谓的八万四千种办法，所以在佛教里面就有了八万四千法门之说。从禅宗的角度来说，就是让我们做死亡的实验，所谓打得色身死，换得法身活。当然这个实验是安全的，因为我们可以先从刹那生死来做实验。

要做实验就要先了解实验的原理，那么实验的原理是什么呢？就是消除我们的"业"。只要把我们的"坏业"消灭了、弄死了，我们的"好业"自然就建立起来了、生成了。因为我们每天 24 小时都在生死我们的"业"，如何把我们的"业"净化了，我们的任务就完成了。

所以，如何净化我们的"业"，就成了我们解决生死大事的关键。关于"业"，自己有过很多的研究，也写过很多的日记。与生死相关最密切的是我们意识形态部分的"业"，因为这部分的"业"是轮回的根本，是使我们无法接受生死大事的因。

我们之所以无法接受，就是因为我们的"习惯"无法接受眼前的一切，我们的"价值观"无法接受眼前的一切，我们的"成见"无法接受眼前的一切。这些"习惯""价值观""成见"等就是我们意识形态的"业"的代表。这些"业"如果被净化了，我们也就能够接受眼前的一切了。所以我们要改变自己的"习惯"，净化自己的"价值观"，放下自己的"成见"……这样我们就能接受一切，就能得到解脱。

为什么要面对一切、接受一切？这个问题很简单。因为我们迟早都要死，死的时候能不面对一切吗？死的时候能不接受一切吗？只是我们现在还活着，还有因"业力"而来的抵抗能力，所以我们不想面对，不想接受，大家都在生死里面挣扎着。

佛教的开悟，从雍正皇帝的《御选语录》序里面来说有四点，第一点就是解开"业"的束缚。如果"业"还把你捆得死死的，你是不可能得到解脱的，不可能了生脱死的。只有我们净化了"业"或者说是接受了一切，生死问题才能得以解决。

在我们的现实生活中也能看出来，谁的"业"净化得多，谁的生活质量就越高。谁的"业"障碍大，谁的生活质量就越差。随着人们"业"的净化程度不同，人们的生活质量也不同。佛教就以众生的生活质量不同分出了十个层次，所谓的十法界。

·⸙ 消业表现忍耐力 ⸙·

佛教修行者常说"净化身口意三业""随缘消旧业，更不造新殃""万般带不走，唯有业随身"等有关"业"的问题。自己也在博文里面讲了很多有关"业"的表现、现象、特征等。如果注意过我的博客的人应该会知道，我把"业"分为可看见的结果上的"业"和看不见的精神上的"业"两部分。因为我们做一件事情会有两个结果，一个是物质的，另外一个就是精神的。物质的结果就是我们所看到的目标的实现，精神的结果就是在实现目标的过程中沉淀下来的忍耐力、习惯、价值观、成见、意志力、忍辱精神、思维模式、动手能力等意识形态的内容。物质的结果是会消耗掉的，而精神的结果会带到明天。我们明天的所作所为会根据以前的忍耐力、习惯、价值观、成见、意志力、忍辱精神、思维模式等意识形态的指导来做。所以，我们在做事情的过程中养成的精神结果也很重要，甚至比物质结果更加重要。

可看见的结果上的"业"不会发展变化，是个固定的因素，等着将来的果报就是了。而看不见的精神上的"业"，则会带到你明天的生活中去。而且这些"业"就决定了你明天过什么样的日子、生活质量如何、是否能够解脱、是否能够成就等。

精神上的"业"其中很重要的表现之一，就是我们的忍耐力。因为忍耐力决定了我们的生活质量、生存能力、过什么样的日子、解脱的程度……

可以这样说，忍耐力越强的人，他解脱得越多。因为忍耐力决定了可容忍或是不接受的情况。如果你的忍耐力越小，那么你的生活会越痛苦；反之，你的忍耐力越大，生活会越快乐。忍耐力这个"业"就决定了我们生活的质量。所以，我们要提高自己的忍耐力，我们要尽量去接受，我们要尽量去容忍，即使做不到也要硬着头皮去做到。因为这是解脱之道，只有接受一切才能彻底解脱。

-❀ 修行就修忍耐力 ❀-

我们的一切问题都来自于忍耐力不够。我们看这个不习惯，对那个不满意，我们无法忍受这个……这都是因为我们二元对立的心严重，不能接受这些，忘记了三祖《信心铭》告诫我们的"至道无难，唯嫌拣择"的至理名言。

知道了痛苦和痛苦的来源，就知道我们应如何去面对这些痛苦，如何去化解这些痛苦了。我们就能从小的忍耐力开始去修行自己，去锻炼自己，去慢慢接受一切。

一般来说，世间的人也知道要忍耐，要锻炼自己的忍耐力，但是他们不知道为什么要锻炼自己的忍耐力。还把"忍"字说成是"心字头上一把刀"，把忍耐力的训练看得这么可怕。往往在一件事情忍耐过去之后，又跑到别的事情上去发泄一通。

而从修行来说，我们要自觉自愿地去忍耐，因为你的忍耐力决定了你的生活质量，决定了你能否成佛。当你明白了忍耐力决定了自己的生活质量，决定了自己能否成佛的时候，我们就不再强制压抑去忍耐了，而是变成了自觉自愿去忍耐。在忍耐力不够的时候，会想到是自己的功夫不够，会自觉自愿地去修行、去提高。所以，修行就是从修我们的忍耐力开始，逐步提高。提高一点是一点，一直提高到一切都能忍耐、一切都能接受。这样就没有烦恼了，就没有二元对立了，就解脱了，我们就和佛一样了。

❧ 功夫表现忍耐力 ❧

功夫就是我们在面对境界时候的淡定状态，在佛教里面来讲就是定力，在世间来说就是忍耐力。因为你的忍耐力越强，你面对境界的能力就越高。也就是说你的定力越强，你越容易把握住自己。这就是我们常常说的自己能不能做得了主，能不能在境界来临时做得了主，这就是每一个人都需要修行的原因。因为我们平时总是说得好听，而事到临头的时候，好的是手忙脚乱，差的就呼天抢地了。这些表现都是因为我们的忍耐力很差，所以这个时候有功夫的人表现就很淡定。

我们在禅堂里做功夫，实际上就是在训练忍耐力。从刚刚开始的克服腿子疼就已经在训练我们的忍耐力了。而且这种训练是非常残酷的，因为腿子疼起来的时候，那是一秒钟也忍受不住的。在这样的时候让你忍个以小时为计量单位的时间真的是要命。

所以这个时候是训练我们忍耐力很有力量的时候。如果你是忍耐过了腿子疼的人，你一定会有深刻体会的。事实上，当你忍过了腿子疼关之后，你开始忍耐烦恼妄想的时候，你会发现忍耐腿子疼实在是一件非常轻松的事情。可见禅修训练忍耐力的效果如何了。

所以，经过禅修训练的人，忍耐力都是不可思议的。或者这个时候应该说他们的功夫都是非常了不起的。因为他们的功夫在世间的人看来就是忍耐力非常强。这个时候也表现出来他们面对果报好像不在乎一样，事实上因果报应是一样的，只是他的忍耐力特别强，给世间人的印象以为因果在他们身上不起作用。

经过禅修训练的人，有了忍耐力之后，再加上佛教平等慈悲的熏陶，消除了更多的二元对立。这样的人智慧就显现出来了。表现为处理事务非常迅速，做事情的效率非常高。这样的人在世间人的眼里自然就是成就了的人了。因为他们不但精力旺盛、效率极高，而且淡定从容、宠辱不惊。他们的生活质量自然会比别人高出很多。这在我们自己和禅修者身上是可以看出来的。

那么我们一开始没有忍耐力的时候就要慢慢训练我们的忍耐力。不光佛教有很多很多的办法，世间也有各种各样的办法。禅修是训练我们忍耐力最杰出的办法之一。不管是刚开始腿子疼训练还是后来克服烦恼妄想的训练都是非常高效的。

有点忍耐力之后，我们遇到事情能先"定"下来，就像给自己打一针"封闭"，冷处理，这样就不会再面红耳赤了。在淡定的前提下，我们能够平心静气地去面对眼前的境界，然后，再用善法去处理一切二元对立的问题，这样自然就智慧圆融了。

忍无可忍须再忍

现实生活中我们快要发脾气的时候，往往是觉得忍无可忍的时候。这个时候一般来说已经开始面红耳赤了。这个时候处理问题往往不再有理智，完全是靠冲动的感性来左右我们的行为了，所以这是一个非常危险的时候。

这也正是看我们有没有功夫的时候，如果功夫到位则不会让自己失去控制。所以这个时候会做错事的人，往往是没有功夫或者是功夫比较差的人。可以这样说，功夫的深度决定了你的忍耐程度。同样可以说，忍耐程度决定了你的生活质量。

因为我们一时的忍不住，往往会做出不理智的事情，使得我们前功尽弃，甚至遗憾终生。对修行人来说，这样的时候都不能忍耐下来，死的时候能忍耐下来是不可能的。所以，忍耐力的训练不但是我们处理好眼前事情的能力问题，也是考验我们能否了生脱死的课题。

我们的忍耐力越强，或者说是功夫越深，生活质量越高，对应所处的法界等级越高。当忍耐力最高的时候，我们就生活在佛国净土里面了；反过来，如果功夫没有，忍耐力极差，到了一点忍耐力也没有的时候，我们是生活在地狱里面了。

但是，这个东西说说容易，又有几个人在境界面前还能保持完好的忍耐力呢？所以，要想生活得好点儿，这就需要我们锻炼自己的忍耐力，修行做功夫。

一天 24 个小时无法容忍或者说是无法接受的事情有多少？我们自己清楚。所以应该知道我们是如何与觉悟背离了。平时生活中的事情就有这么多无法容忍、无法接受，更何况生死这样的大事情。所以，我们一上来就讲什么接受生死大事，实在不知道差到哪里去了。所以忍无可忍须再忍，忍不了就需要去修行、去做功夫。这功夫要一直做到能够接受一切，一直做到任何事情都能容忍。这样我们才有希望解脱，才有希望成佛，我们的修行才有结果。

-✤ 随顺世缘无挂碍 ✤-

因为张拙秀才开悟偈里面的一句话"随顺世缘无挂碍"，自己总是劝人要不识好歹地随顺世缘、要装糊涂地随顺世缘、要认命地随顺世缘、要装疯卖傻地随顺世缘……当然，最高的境界就是从心里面真正地随顺世缘，没有任何的挂碍。

因为随顺世缘无挂碍是我们日常生活中的最高境界，所以，在我们一开始还不会的时候，就采取种种的善巧方便去做，甚至可以骗着自己去随顺世缘。因为可以从慢慢地随顺世缘开始做功夫，一点一点地去做，最后我们就会习惯性地随顺世缘，自然而然地去随顺世缘。这就是在修行，就是在修正我们长期以来养成的习惯于二元分别的坏习惯。

看看我们身边已经成就了的人就会发现，他们都是随顺世缘的高手。他们并不是真糊涂，而是清清楚楚、明明白白的糊涂。用佛教里面的话叫作"善能分别诸法相，于第一义而不动"。

在佛教历史上，有一个人人皆知的济颠（济公）和尚。他就是一位随顺世缘的高手。我们读他的公案会发现，他就是一个清清楚楚、明明白白的糊涂的成就者。而且，他在实在需要帮助别人的时候，也全是采用"糊涂"的办法，使得人们以为他真的是一个疯癫和尚。所以，无挂碍地随顺世缘并非是糊涂的，只是表面上看来像是糊涂的。这是需要很高的智慧才能装得出来的糊涂，否则你的糊涂一下子就穿帮了。

在我们修行还没有成就的时候，在我们的智慧还不够支持我们装糊涂的时候，我们要如何去随顺世缘无挂碍呢？这就是很多人常常问自己的问题。他们都希望在日常生活中，能够无挂碍地随顺世缘，都很羡慕那些成就了的人的糊涂，都很想达到随顺世缘无挂碍的程度……正是因为问的人多了，自己感觉怎么回答都无法回答清楚。因为这个问题本来就不是一个简单的问题。再加上自己本身还没有成就，本身还要装糊涂，本身就还要去适应，本身就还要努力不识好歹……所以，自己只能随顺世缘地方便回答。

平时自己的时间很紧，基本不跟人说话。回答问题也总是三言两语完事儿。当然最主要的原因是没有很多时间，再有就是自己认为他也不应该把太多的时间放在这些问题上，也要珍惜他的时间。所以，总是随顺着他的问法，简单随机回答。比如回答说："认真做事不计较""遇事就做不回避""遇饭吃饭不挑剔""困了就睡不妄想""逢茶喝茶不推托"……当然说"不识好歹""不要去分别""装糊涂"……甚至说要"装疯卖傻"等，一般是跟与自己比较熟而且对方有一定的功夫基础的人才这样说。因为随顺世缘这么大的事情绝对不是三言两语就能说得明白的。跟自己比较熟的人，以及常常看自己博客的人，他们就会知道，这些无非是要你放弃二元分别。放弃了二元的对立分别，一切问题就都解决了，一切世缘也就都能无挂碍地随顺了。

当然，一开始我们做不到，那么就要知道能做到多少是多少。因为这不光是我们修行程度的标志，还是我们生活中断除烦恼的良药，是我们学佛的目的，是我们成就的显现。做得越多，做得越好，就占越多的便宜，得到越多的好处。

-✤ 坚持不懈做功夫 ✤-

禅修是一条艰苦漫长的路，越往后走，越要精进用功，所谓"百尺竿头须进步，十方世界是全身"。到了百尺竿头，似乎没路可走了，上面只有虚空了，这时候千万别懈怠，努力再往上走，就是解脱。佛教中还有类似的说法，叫"悬崖撒手"，撒手后就融入无边的虚空，这个虚空就是大众。像我师父净慧老和尚说的，将个人融化于大众。

禅修也是一件很微妙的事情，只要有了功夫，在任何地方都好用。比如有时以为没路可走的地方，再细心一点，路就出来了，所谓"细嚼清风还有味"。前一段时间我在一家大型家电企业讲课，这家企业遇到很多问题，似乎面临绝境。我对他们说，既然到了绝境，干脆打破所有的条条框框，清零，放弃原来的牌子，像当年创业那样，重新开始。想想看，这家企业已经是家很知名的企业，它难道比原来创业时还难过吗？不可能，瘦死的骆驼比马大，只是因为好日子过久了，大家都懈怠了，不愿像当年创业时那样吃苦了。许多企业的痛苦，其实不是因为没路可走，而是因为还有很多选择，产生了很多迷惑，举棋不定！我常说，有的选择，那是很幸福的事。当然，没有选择，也未必是坏事，逼得你只有背水一战往前冲，冲过去就成功了。其实，当整个行业都遇到问题的时候，关键就看谁坚持得住，谁能率先突破，谁就能赢。我们过去做企业的时候，也难过，所谓年年难过年年过，没有一天好过的，但结果一咬牙也过了。事实上，只要熬过来的，就都成功了。

　　这跟我们禅修做功夫是一样的。打个比方说，打坐时腿疼得死去活来，头也疼，甚至骨髓都疼，简直没招了，这个时候哪怕多坚持一分钟，就是突破，不仅突破生理极限，甚至突破成见，经常这样突破，就能打破轮回。

　　另外，除了扎扎实实的禅修功夫，就是解决观念问题了，我们一定要认真阅读重要的佛教经典，比如《楞严经》《法华经》《华严经》等般若经典，然后是深入学习和体会祖师语录，祖师的经验是非常好用的，这些都做到位了，就可以开山门接引众生了。

-⚘ 义工培养善业力 ⚘-

很多人关心现在社会的污染问题。物质的污染非常明显，比如江河、环境、食品等污染随处可见，大家非常关注。而人们对精神的污染则比较迟钝，认识到的人不多。这真和佛弟子知道跑寺院挂超度冤亲债主的牌位，而在生活中关注不到亲家也是债主一样，让人感觉好笑。

因为大家都知道冤家路窄，而世间没有亲家路也窄这个词。所以，大家对于亲家这个债主就比较迟钝，甚至认识不到。精神污染也是这样，很多人认识到了物质环境的污染，却认识不到精神污染，甚至有人在精神污染面前还趋之若鹜，恨不得多得到一些。

我们学佛的人都知道"万般带不走，唯有业随身"。那么我们看看能带走的"业"是什么呢？简单来说，业就是我们的身、口、意造作的结果。所谓身业就是身体的行动，是一种造作，身体行为的结果就是身业；口业就是用心驱使口讲话，讲话的结果是口业；意业就是我们的思想，也是一种造作，驱使心去思维事物的结果，就是意业。身、口、意三业的真正造业主因是意，也就是我们的心。所以有身业和口业的存在，必然会有意业存在，有意业未必有身、口业。

这样讲可能我们对"业"还不是很了解，那么我们再继续深入地研究这三种造作的结果。我们知道习惯、价值观、成见等精神方面的东西，甚至忍辱精神、意志力、信念乃至知识和智慧等，决定了我们日常行为的过程、结果和延续。日常行为实际上就是身、口、意的造作，这些造作的结果和延续的产物就是业。

这样就能理解我们能带走的"业"是什么了。能带走的就是我们的习惯、价值观、成见，甚至忍辱精神、意志力、信念乃至知识和智慧等精神财富。事实上，这些精神财富不但是在这一期生命结束之后可以带走，就是在这一期生命还没有结束的时候就可以让我们活得更加精彩。这些精神财富能让我们战胜困苦、创造财富、和谐自他、互惠互荣……是我们进步不可缺少的动力。这些精神财富不怕自然灾害、不怕战争、不怕疾病，甚至不怕死亡，因为这是生生世世跟随我们的东西。

如何得到这些精神财富？这就需要我们有一个良好的生活、工作、学习方式。因为身、口、意是在我们的生活、工作、学习中使用的工具，我们在使用这些工具之后会产生一个结果和延续产物，那就是业。所以，要想有一个好的业，就要让我们有一个好的生活、工作和学习方式，这样才能培养出我们好的业来。

很多年轻人还没有走进社会开始工作，很多没有工作的人不满足于现状……这样的人完全可以拿出一点时间来，尝试义工的生活、工作和学习状态，看看在义务工作中能否实现自己的价值，能否培养自己的精神财富，能否发挥自己的能力。

因为做义工有很多特点，比如工作的短暂性、可实验性、可尝试性、无回报性等。这些特点非常适合培养我们的高尚素质，能使我们积聚精神财富，培养我们待人接物的能力，乃至培养我们坚忍不拔的意志，也是建立信念和养成忍辱负重能力的机会。所以我们要多多做义工，尤其是还没有走上工作岗位的年轻人，做义工是我们接触社会的第一站，是我们积聚精神财富的第一处，是我们得到善业的第一机。

-❀ 人生定位于努力 ❀-

五一的时候，寺里来了不少学生。大家对佛教很感兴趣，当然对自己的前程也特别关心。所以，他们特别关心的一个问题就是——马上要毕业了，这是人生中最大的转折点。大家要如何定位自己，使得自己将有一个美满、顺利的人生。

不光是处于人生转折点的应届大学毕业生，这也是每一个人时刻都要面对的问题。因为这个世界的真理或者叫规则就是运动的、无常的，所以，每个人任何时候都要面对转折和变化。在佛教就叫把握当下，要我们时时刻刻把握住自己的每一个当下。不要去等，眼前就是。比如马上要毕业的大学生有面对人生转折点的问题。任何人、任何时候都有其问题，这个问题是当下就有的。

当然，年轻的应届大学毕业生提出这样的问题是对我们的信任，是希望通过佛法找到一条切实可行的人生之路。记得自己在大学刚毕业时也同样有这样的心情。工作找我们的那个时代尚且如此，而工作难找的当今时代，临近毕业的大学生自然会更加关心。

俗话说，七十二行，行行出状元。但是这些状元是如何出来的？仔细去研究他们的资料，我们会发现他们共同的特点，就是都非常刻苦用功与努力。这在佛教里面叫作精进，佛教要求我们做任何事情都要努力认真，即所谓"三昧"。如果你能够努力地做每一件事情，并且都能够认真地去做，从而达到入三昧的状态，你不要去看结果了，结果一定坏不了。只要看到这个过程我们就知道你是一个成功的人了。这就是佛教的无为法，或者说是"只问耕耘，不问收获"的方法。佛教是要求我们在努力的前提下还要认真，因为只有认真才能入三昧，才能把努力的效果最大化。佛教的八万四千法门都是在训练我们的专注力，希望我们能够努力把这个专注力应用于生活的各个方面，这样我们不管做什么事情都会容易成功。

自己虽然不是什么成功人士，但是自己很容易专注并且努力。21岁大学毕业以后，就一直在实验室加班。所以，第二年就有项目拿到了科学进步奖，同时获得三等军功。虽然当时还不知道佛教这个东西，但是误打误撞自己的行为与佛教的理念吻合了。俗话说，天上不会掉馅饼，自己这么多年的经验也的确没有发现不通过努力而成功的人士。即使个别人撞上了好运，一时风光，但是他如果不继续努力，从来也没有见到过能够长久风光下去的，所谓来得快也去得快。所以，精进努力是一切成功的载体，是成功的大乘。

所以，自己就跟学生们讲，你们不光是要在将近毕业的时候认真努力，而且是要从现在就开始认真努力。因为你想改变外界的环境是不可能的，唯一可以改变的只有自己。这就是佛教说的一切要向内求，不要向外求。向外求必然会失望、会碰壁。只有向自己内心去求，不断提高自身的素质，才能成办你想要做的事情。比如，你非常精进努力，从而使你具有非常高的技术水平，可以从事别人难以完成的项目，那么你就可以拿着你的成果找到对口的单位，去展示你的本事。或者因为你的努力得到了你的老师的推荐信，你就容易在某一行业里面找工作或立足，去实现自己的理想。

即使你不幸怀才不遇了，再加上现在工作难找，你进入了专业不对口的单位，但是因为你的学识高，或者是因为你工作认真努力，你能够很快适应过来，那也能够很快找到自己的位置，并且在你不断地认真努力之下脱颖而出，成为新行业的领头羊，实现自己的理想。

假使你的遭遇实在悲惨，没有找到工作，要放弃目前所学的专业，需要重新学一门社会上需要的技术，因为你认真努力，你也会很快入门和上手，不会（也不要）去怨天尤人，从而找到你自己的位置，甚至在新位置上认真努力做出特色，实现自己的理想。因为社会上这么多人，且不要说社会要进步，人们需要创造更多的物质与精神财富，就是人们离不开的生活必需品——吃与睡就有很多的事情可做。只要你拿出观世音菩萨的寻声救苦精神来，看看、听听人们生活中需要什么，然后就从这里入手，去实现、去努力。要善用其心，善待一切。善用其心就能找到自己的位置，善待一切就能在自己的位置上做得出色，成为状元。

不要心存侥幸，希望天上掉馅饼。可以这样说，不善用其心，连天上掉馅饼你也不会发现；不善待一切，你连掉下来的馅饼也捡不起来。即使你的运气实在好（以前修来的福报大），好事自己跑你家来了，因为你不会善用其心，不会善待一切，那么这些跑到你家里面的好事也会昙花一现很快过去。

-⸜ 亚健康 ⸝-

前几年社会上流行"亚健康"这个词，是说健康处于危险边缘的状态。其实应该说人人的健康都是处于危险的边缘，因为生命在呼吸之间。但是"亚健康"也反映了很多人的心理状态。他们在生活、工作和学习的压力下，疲于奔命，自然会感觉劳累。

很多人总是在这个问题上纠缠。自己曾经写过一篇关于健康的文章——"纠缠"。也是说总有人在问，他们的健康有问题如何解决。自己也常常感觉劳累，一开始总是怨自己身体基础不好，业障现前。可见这是一个很普遍的问题。

为什么会这样？从佛教来说，人体有精、气、神三宝，对应身、口、意三业。身清净则精满，反之则亏；口清净则气足，反之则虚；意清净则神安，反之则乱。要做到三业清净最好的办法就是守五戒、行十善。因为身常常胡作非为，口常常胡说八道，意常常胡思乱想，要把"三胡"改过来就非守五戒、行十善不可了。

从禅宗来说上面也全是胡说八道，宗门下就是要你放下所有的好坏之分。不要去理它生病还是体健，做任何事情不要计较，所谓："头头非取舍，处处勿张乖。"把所有的好事坏事全忘记，一心只做当下这件事。那么当下这件事，不管是好事还是坏事就全变成佛事了。

做佛事自然就是最好的守五戒、行十善，远离了"三胡"，身体自然会慢慢好起来。三祖僧璨，在古代得了麻风病也能放下，得到解脱。古德大觉禅师曾有如下言说：

此身本自无。此心在何处。身心即无。甚么物缠病底。阿那个惨气者。病是色体之劳。色体未形之前劳自亡。但只性色真空性空真色而已。气则风力之动。风力未生之情动永寂。但只性风真空性空真风而已。

虽然如是。从业发现四大假合而成身体。病生于其中。身体便为劳。识性流动妄想攀缘而现阴心。气行于其际。心还受动。正受息此气动除此病劳。休息诸缘放下身心。高卧而安支体。闲眠而接思想。胸次不挂一丝。耳目不于声色。声乱从鼻接。气滞从口放。体劳调理而涵养。根塞掘伸以接摩。神昏也起而轻行。心散也坐以返照。常教身心令自在。莫刻责其心而令疲劳其身。

如是方便如是安心。然后稍从缓缓地渐着惺惺眼。返照须看大法未明之地。不急。急则使气而惨。不缓。缓则教心而沈。

从另一个角度来说，身体是四大五蕴之组合，不要太关注它，你越是关注，它越有问题。人生百年，这个色壳子也算是借来的，之所以借了一个不好用的，是因为我们的贪、嗔、痴，也就是"三胡"的作用。从现在开始把"三胡"改做佛事，不但能使得以后换个好用点的色壳子，甚至这辈子就能把这个不好用的色壳子调理好。

还有就是身体也是在老化，静坐用功是最好的调理过程。当你的功夫深入，可以把静中的功夫用到动中，那就达到宗门下的"行亦禅、坐亦禅"了。也就是做什么事都变成做佛事了。实现五祖说的："三业勤为佛事，四仪皆是道场。"

明白了这个道理自然身心轻安。自己就有很深刻的体会，因为生活中用功比较紧，而杂事也很繁忙，经常会忙得晕头转向。尤其是到了开法会的时候，更是不能得到好好休息的机会。但是只要自己无心于事，不管怎么累，只要事情一过，花点时间用来静坐，身体就能恢复如前。

-⚘ 世人多愿自诅咒 ⚘-

我们总是找种种的借口回避问题，或者说是逃避问题。以这样的方式给自己找台阶下，或者说是安慰自己。比如说自己身体不好，这事不能做、那事不能干；比如说自己的根性不好，不能接受禅宗这样严酷的修行方式；比如说自己身上有病，不能盘腿打坐等。

事实上，说自己的身体不好，说自己的这不行、那不行，等等，这跟诅咒自己没有什么两样。这不光是给自己找台阶下，给自己找逃避问题的借口，而且还是在告诉自己可以不去承担责任与义务。长久这样下去是非常危险的，因为被诅咒的时间长了，你就真的变成那样了。

这从佛教来说就是给自己造了一个障碍生活、工作、学习和修行的业。这个业让你生活不如意，让你生病做不了事情，自然更无法好好地去工作和学习，同样不能好好地去修行了。这样的业实际上就把你美好的明天给断送了，让你只能在原地踏步，甚至倒退。

原因很简单，我们稍微思考一下就能推理出来。如果我们养成了给自己找借口的习惯，我们很自然地在困难面前就会退缩。这样一来，我们永远不可能进步，更不要说什么突破了，因为你已经习惯于退缩，习惯于逃避。这样下去的结果最严重的就是遇到大麻烦的时候轻易自杀。有了这样的习惯和业你如何能够进步甚至突破呢？更有甚者以为自己可以了、能行了，从而不再去努力了，那真是再悲惨不过的事情了。

所以，这样的业实际上就是一个架子，把使我们能够更好地修行、工作、学习和生活的（弯腰的）能力给架住了。这个架子让我们无法去落实修行中的突破，无法更好地工作和学习，去创造更好的生活。这在佛教的业来说就是业障现前，这个业障碍了我们的修行。

当然这样的行为也许和我们的口是心非有关，很多人心里面想的只是如何解决眼前的问题。但是，这样的借口会一次次地使用，然后就成了你的习惯、变成你的成见，最后就落实到你的价值观里面去。这就是业形成的过程，是一件非常可怕的事情。

所以，这样的口是心非也很可怕。在佛教的戒律里面也有类似的条款，比如你说了大谎言（实际上口是心非也是一种说谎），那么就破戒了。例外的情况是除非你在说大谎言的时候是为了"贡高我慢"。也就是说"贡高我慢"这个架子不算破戒，但也是犯戒的行为。

这个为自己找借口和逃避现实的业非常可怕，严格来说即使是口是心非那种也是犯戒的行为，所以这样的果报很吓人。所以，我们不要随随便便就诅咒自己，反而应该鼓励自己，经常性地把"凭什么他行我不行"挂在嘴边，杜绝诅咒自己的行为。

所以，自己在遇到这样的情况时，总是鼓励他们说："不要认为自己比别人矮，那是因为你跪着，只要你站起来就和别人一样高了。"从日常的生活、工作、学习修行来说，就要这样鼓励自己而不是诅咒自己。只有这样我们的三业才能慢慢清净，我们的修行才能更上一个台阶。

第二章

师父走了

-❧ 不辞而别 ❧-

绝尘双峰四祖寺，
慈骨化身大金塔。
泪眼相送正法眼，
含悲续传生活禅。

师父生前说："我走的时候比住旅馆还要方便，离开旅馆前要结账，我走连账都不用结。"

4 月 20 日对自己是一个有非常意义的日子。

2011 年这一天老和尚为自己的书《不理》写序（见附录）。

现在这一天成了我们永久纪念老和尚的日子了。因为我们师兄弟决定每年的这一天举办纪念法会。

2013 年的这一天，法眼寺的方丈室正式启用，准备举办第一次"心灵之旅"活动。

这一天本来自己是安排去福州参加佛教用品展览会的，同时福州的一个老同学发心将自己的房子拿出来做网络禅堂，需要自己去看看房子，以便设计装修成一个现代化的禅堂。

因为时间上的冲突，自己只好舍弃参加展览会活动，提前几天去福州，一是看看展会的布展，二是去看看将来的网络禅堂活动中心的房子；并且把自己希望做成的样子告诉老同学，以便他们将来落实装修。

很有意思的是，我们在看完房子之后，还参观了房子后山上正在准备修复的峦峰寺。峦峰寺在禅宗的历史上也有一些地位，根据初步了解，峦峰寺好像与福州历史上的禅宗大德也有一些关系。所以，自己对峦峰寺修复的兴趣甚至超过了对新的网络禅堂活动中心设计装修的兴趣。将来由自己来修复峦峰寺的念头也在参观峦峰寺原址的时候冒了出来。因为这里气候宜人，是福州大学城的一部分，人文环境非常好，是福州将来禅修的好地方。

急急忙忙把福州的事情办完之后，提前回到法眼寺准备组织第一次"心灵之旅"的接待活动。因为这是法眼寺将来弘法利生的方向，所以自己对这次活动非常关注。尽管这种活动对自己来说是轻车熟路，但因为这是第一次举办，所以还是事事谨慎小心。

当 20 号一早接到老和尚圆寂的消息时，自己的第一反应是如五雷轰顶，然后是灰心丧气，乃至拒绝相信。但是靠着自己平时训练的淡定功夫，还是让自己把心抓回到如何举办好这次活动上面来。因为平时老和尚训练自己的时候，就是要求以"小事急处理，大事缓处理"的方式来做事情。所以，老和尚的这件大事就要慢慢地去面对，而眼前的事情是必须先处理好的。所以，自己拿出平时在禅堂里训练出的淡定来，一方面准备好今天的接待工作，一切的细节都不放过；另一方面在想，如何在办好今天接待工作的前提下，最快地赶回四祖寺。

于是，仔细地把今天属于自己的工作捋了一下，把非自己莫属的工作尽量地提前完成，其他的事情则交代给别人，并要求大家认真努力对待。把原计划"心灵之旅"座谈的时间提前，冷静地把今天的活动完成，不让来人因为老和尚的圆寂而感受有一点点影响。

因为他们绝大部分是没有来过寺院的人，对老和尚是非常不了解的。把老和尚的生活禅理念传递给来访者，这是对老和尚最好的报恩。自己就在这样的一个作意下组织活动，以办好当下"心灵之旅"的活动来报答恩师"绝尘双峰四祖寺"的示现。所以，听到老和尚圆寂的消息之后，尽管如五雷轰顶，但是法眼寺并没有因此而产生混乱，一切都在有序地进行中。

附录：

《不理》序

明一禅人，字崇守，2003 年在四祖寺披剃得度。当时我接任四祖寺住持不久，正在学习体验四祖道信禅师的禅法思想。"守一不移"是四祖禅法入门的口诀，所以就根据这四个字的内涵为明一禅人取了法名和字号。这些年来，明一禅人不负初心，一直在禅修上用功夫。时间久了，禅修有些体会，就在博客上与禅友们进行交流。在交流中，有些禅友觉得明一禅人对禅还有些心得，就鼓励他把在网上交流的文字结集起来，出版流通，与更多的人分享，《与祖师同行》和《不理》两本禅修体验方面的书就这样应运而出了。

禅的本质是离言绝虑的，它是一种内证功夫，是一种绝对的自受用境界。不过，即使如此，自佛祖而下，说禅说道，可谓言满天下。为何如此？内证境界，诸佛圣智，非即语言文字，也不离语言文字，关键在于不要陷到语言文字的分别执着之中，以语言文字为方便，引人入圣，善得其妙，亦未尝不可。

明一禅人新作《不理》即将问世，叩门索序，乃勉书数言，置诸篇首，以志随喜。是为序。

西山老衲 2011 年 4 月 20 日于四祖丈室

-֍ 把握当下做事去 ֍-

前面写了在老和尚圆寂的日子前后自己是怎么想的，怎么做的，等等情况。现在继续把这几天的经历一点一点地摆放在大家面前，也算是自己对老和尚的一点思念，一点报答。因为毕竟自己跟随了老和尚这么多年，还号称自己是老和尚的追星族。

自己在知道了老和尚圆寂之后，淡定地完成了原计划中的活动，以实际行动来报答老和尚对自己的栽培，以实际行动来悼念自己的恩师。因为老和尚历来是要求自己要去忙碌，要把握当下做事去。一旦发现自己没有事情在他面前晃荡，他老人家就呵斥："你们吃饱了没有事情干啊！"甚至在电话中也只是三言两语就把事情交代完毕，绝无多话。乃至于在生病的时候，我们去慰问也总是说我们闲得没有事情干！不好好做事情跑来干什么！还不赶快做事情去，等等。严重的时候，打电话问他病情也会遭到一通说教，即使是汇报工作之后再对他生病的慰问也无好话说。

所以，自己把当天的事情做完之后才把老和尚圆寂的消息告诉了来人。有几位以前来过的人就主动要求开车送自己回四祖寺。因为知道在这样的时候，四祖寺一定是人满为患，不能带太多人去，所以，自己只带了三个人回去。

四个小时的车程，让自己有时间考虑了一下摆在眼前的现实问题。老和尚走了，自己为老和尚看门的法眼寺将来怎么办？因为到目前为止，老和尚只布置作业，没有给任何的人力、物力去让自己完成这个作业。只是告诉自己不要急，慢慢来，为此自己还总结出"烦恼来自于急于求成"的道理。老和尚的走，没有给自己留下只言片语。除了2012年来法眼寺的时候交代的要守好祖庭，要恢复祖师的道场和祖师曾经住过的麻城龙湖寺道场，以及年初要求自己把无念祖师的麻城派恢复起来的交代之外，没有给自己其他的交代。甚至连自己目前在法眼寺吃饭的钱他也没有过问过。

2012年自己跟老和尚也曾协商过到法眼寺看门的前提条件。当时自己要孩子脾气地说："你要是不去，我也不去。"不管老和尚如何要求自己一步到位，自己总是不干，强调要把老和尚捆绑起来一起去法眼寺，自己只是为老和尚看门，决不离开老和尚这棵大树。

所以，现在要如何面对如船子和尚般离开这个世界的我们的恩师，如何面对恩师给我们留下的作业？如何面对恩师的不辞而别？将来向谁交恩师留下的作业？这一堆的问题在这么长的车程中有时间来思考了。尽管这些问题在到达四祖寺之后也没有答案，但这是自己面临的最大问题。

到达四祖寺之后，行李也没有拿就直接去看老和尚的遗容。当他们掀开盖在老和尚头上的陀罗尼经被之后，自己见到了平时从未看到的老和尚安详的样子，脸上连皱纹都消失了，好像全身心地松了一口气。自己看到老和尚的这个样子真的是为他高兴。

但是马上却悲从心来，因为以后再也见不到老和尚了，失去了依靠，自己再也没有大树好乘凉了，再也不能问老和尚如何处理事情了。因为自己是老和尚一手带出来的，不管是接人待物还是处理事情，甚至自己的写作也是老和尚带出来的，他还为自己改过很多文章。以后没有老和尚的日子该怎么过？以后的法眼寺要怎么处理？以后自己要怎么办？老和尚没有了，我们的目标，我们的依靠，我们的任务，我们的规则……要怎么办？好在自己平时的淡定功夫还有点，尽管自己跟一个木头人一样，但还是知道眼前要做什么，该怎么面对，最急的是什么事情……

-֍ 悲伤有序生活禅 ֍-

目前摆在我们面前的事情是如何把老和尚的丧事办好，这是一切事情的关键，是摆在我们面前最大的任务。这个时候不是伤心的时候，不是悲哀的时候，不是埋怨的时候，不是讨论的时候，因为老和尚的突然离去，没有给我们任何的准备时间。

自己从老和尚的卧室出来之后马上去找先到的明海大和尚，拿到了分配给自己的任务——维持秩序，庄严道场。所以在安顿之后，就去法堂帮忙布置老和尚的灵堂。这个时候在自己的心里就像平时一样，好像老和尚并没有走，只是和平时一样在办一个法会。

但是在晚上回房间睡觉的时候，才悲从心来不愿意面对老和尚走了的事实。睡不着就跑到方丈室外发呆，在满院子里面游晃，心里想着十几年来老和尚在这些地方与自己共处的日日夜夜。看着从法堂方向传来的灯光，知道居士们通宵在布置灵堂，不愿意去打扰他们，还是躲回寮房。回到房间还是睡不着，一般来说睡不着就正好上座，可是悲伤的心让自己坐不住，所以无法上座打坐。躺在床上睡不着唯剩悲伤，只好拿出自己对付粗妄想的办法——拜佛。所以，就发疯一样地在房间拜佛，最后把自己拜得死去活来，躺在床上一会儿就睡着了。

和往常一样因为睡得晚醒得也晚些，所以快四点才起床。收拾一下就听到打板了，出去转了一圈，到处是悲哀的气氛，令我很不愿意接受。就跑到大寮帮忙，因为大寮是最关键也是最累的地方，这里是每次法会自己最关心的地方。看到厨房的人还和往常一样忙碌着，自己的心里踏实了。在四点半的时候没有听到大钟的声音，自己就跑去大殿前看看。原来是早上老和尚入龛的佛事，大家都不知该怎么办，连敲钟打鼓的人都跑到丈室去了。寺院里面不管有什么事情，早晚课我们是从不间断的。所以，自己只好见人就问，找了两个人去敲钟打鼓，并且把正在去往方丈室的人拦回来上早课。同时告诉大家，老和尚最不愿意见到的就是因为他的事情把我们的生活打乱。要想让老和尚高兴，我们就要和往常一样地过好修行生活。这个时候我们更要落实老和尚的生活禅，在生活中修行，在修行中生活。不要因为措手不及的事情搅乱了我们的生活秩序，要大家淡定地面对眼前的一切。

因为院子里面现在人多，不可能全部去参加丈室老和尚的入龛佛事，何况大殿的早课是不能断的。所以，自己就拦截了很多往丈室去的人，叫他们回大殿上早课。告诉大家大和尚他们已经在丈室给老和尚沐浴更衣准备入龛，我们上完早课再去参加老和尚的入龛佛事。

大家非常有秩序，每一个人都很悲哀严肃，都想让老和尚高兴，所以秩序是非常好管理的，老和尚的入龛佛事非常庄严隆重，乃至大家轮流在灵堂外念佛也非常快就有秩序地展开了。早课、过堂等佛事也没有中断，在有序地进行中。

-✂ 吃饭睡觉生活禅 ✂-

老和尚走了之后，很多人在寺院里面忙碌，大家都有自己的故事，这里写的是我自己的情况。

吃过早饭之后，自己跑到大寮交代今天要提供流水饭了。因为今天会回来很多人，会有很多人来与老和尚道别。他们不远千里万里地回来，我们一定要让他们吃上饭。所以，大寮就像夏令营接待报到的时候一样，提供流水饭，让来人随时有饭吃，都不会饿肚子。

之后跑到几个平时做法会增加床位的地方去看看，发现还没有开始做。所以，就先跑到客堂问知客师有关住宿的问题，建议增加床位，要把上下的禅堂都铺上临时床位，把一切可以铺床的地方铺上床位，一直到所有的被褥用光。当然自己还把如何在这些地方铺床，如何把佛像包起来，都有哪些地方可以增加床位等事情交代给了知客师。因为客堂就两件事情，一件是安排好吃的，让大家都能吃上饭；另一件就是住的，要尽量地让大家都能有地方睡觉。

当老和尚的龛移到灵堂之后，自己发现就连作为灵堂的法堂也只是在里面布置了一下，外面都还没有布置。所以，就开始找义工扎花，要求整个院子里面的所有石头柱子上都有花，所有殿堂前都有花。这个工作量是非常大的，所以自己到处抓人做义工。这样布置寺院需要大量的人力物力，自己现在也是客人的身份，没有权力去调动人力物力了，所以只能告诉正在做这件事情的人该如何如何去做，希望布置成什么样子。当然自己擅长的是把没有事情做的人全部叫来帮忙，因为他们参与扎花也会有成就感，是大家很愿意为老和尚做的事情。

自己整天就在大寮、客堂、各处寮房、殿堂以及灵堂里面忙碌，为大家做点排忧解难的事情，给大家出点主意怎么做事情。虽然一天到晚什么事情也没有做，可是感觉这一天还真累。晚上明基师通知开会，自己知道了老和尚将在去年（2012 年）

奠基的大金塔工地火化。

开会的内容是重新分工负责工作。这次的阵仗大了，连县里的副县长也来参加会议了。因为老和尚的丧事政府非常重视，下大决心要办好，要利用老和尚的最后一着宣传黄梅，要让所有希望见老和尚最后一面的人都满愿。因为老和尚是大家的，是社会大众的。

会上自己被分派做后勤工作，主要负责寺院里面的吃饭、睡觉、安全、卫生。所以会上自己提出了建立医护站的要求，要求政府派医生进驻寺院，要求政府派卫生检疫人员来帮助做食品和环境等卫生的监督与检查工作。因为人越来越多，大家的悲伤很难控制，需要医疗卫生的支持。

会议的其他安排自己只关注了一下老和尚化身窑的搭建地点、时间等问题，以及这几天我们的工作内容。当然最重要的是老和尚火化过程中的几场佛事。其他的事情自己也不感兴趣，也没有精力去管。自己能把后勤保障工作做好就不容易了。所以大寮的吃饭问题、客堂的住宿安排问题、院子里面的打扫卫生问题、保安问题、医护问题才是自己的分内事。因为会开得比较晚才结束，自己回寮之后马上就睡着了，已经没有精力去想老和尚离开我们的事情了，原来悲哀的心情变成了工作的麻木心了。

❈ 充分体验生活禅 ❈

老和尚走了之后大家都开始大忙碌了。自己这个时候就像个木头一样，只知道工作。就连老和尚的走也被自己的忙碌淡忘了，心里面只剩下了要把自己负责的事情做好，要让法会开得顺利。

又是一个不眠的夜晚，经过扎花人的通宵工作，院子里面到处是花的海洋，不再像昨天遍布凄惨的氛围了。灵堂内外的念佛声不断，整个寺院庄严肃穆。每个人脸上满布严肃和伤痛，大家都有序地做着自己的事情，没有事情的人自动在灵堂内外念佛。

扎花的事情对于自己来说也就告一段落，不用去管了。当然他们也还在继续扎着各种各样的花，因为现在环境布置已经开始转向寺院以外的会场去了。自己找到平时开法会时负责医护的居士——她也是扎花队的主力人员，要求她先把寺院里面的医护站建立起来，把医护标志挂起来。

回来的人越来越多，吃住的压力越来越大。可以增加床位的地方基本全部增加了，关键是没有被子和褥子了。平时住不到一百人的寺院现在住到了五百多人，而且回来参拜老和尚的人还在不断地涌入。吃饭一堂已经不行了，需要过两堂，尤其是小斋堂基本要过三堂以上了。所以每到吃饭时间，自己就亲自在两个斋堂之间盯着。要如何在大斋堂最快地过二堂，自己是有很多办法的。比如多准备一些碗筷，比如采用一次性碗筷来弥补不足，比如一人用一个碗（平时是一人用两个碗），比如利用前后门的作用把人流疏通好，等等。这些办法可以让大斋堂最快地开始过二堂。

小斋堂就比较麻烦，因为在这里用餐的人都是贵宾。而法会因为时间紧迫没有发贵宾证，这样就无法分开贵宾与非贵宾了。也就是说只要想吃饭的人，两个斋堂是可以随便进出了。所以，如何充分利用小斋堂，让小斋堂为更多的人提供服务是自己的任务。自己除了组织工作人员准备更多的食品、碗筷之外，就是及时提醒义工收拾吃过饭的位置。提醒在小斋堂打了饭菜而又没有位置坐的人可以到大斋堂或其他的地方用餐。为了减少这两个斋堂的压力，自己还让一些特别的部门把饭打回去吃。比如流通处、几个值班室、值班义工等，让他们自己拿大盆把饭打回去吃。我们不但提供了充足的饭菜，还提供了充足的一次性碗筷。而且这几天一直坚持在小斋堂提供流水饭，大家可以随到随吃。

为了保证大寮的食品卫生，我们还请来了黄梅卫生检疫局的工作人员帮忙检查监督。他们两位工作人员给予我们很多的帮助和指导，在吃饭的时候与自己配合默契，不但把住了食品的卫生与安全关，还为我们维持吃饭秩序。

住的问题也来了，一个床位也没有了。明基师房间据说已经住了六个人了，自己的房间也住了五个人了。所以后来的人只能叫他们自己去找熟人拼床，一张床住两三个人是普遍现象，很多床都住了四个人。有个厨房的居士累得回去睡觉的时候，发现自己的床上有四个人在睡觉，只好另想办法。

-❀ 慈骨化身大金塔 ❀-

老和尚走了之后大家都很悲哀。每个人都在以自己的方式默默地做着纪念老和尚的事情。所以回来的人越来越多，吃住的压力也越来越大。很多人没有地方睡觉了。所以，自己干脆就叫没有床位的人通宵在灵堂内外念佛，实在累得不行了就找个地方和别人拼床睡觉。因此，这几天很多人可以说是居无定所，一会儿睡这里一会儿睡那里。而对于自己来说，最最严重的事情是如何对付 25 号早餐的问题。因为 25 号老和尚火化，将会是用餐人数的最高峰。所以自己就设计以干粮的形式来解决一部分的早餐问题。在与卫生检疫人员交流之后决定做三千个左右的干粮袋。每个袋子里面提供一瓶矿泉水，两三个馒头，一小包咸菜，这样就解决了要过二堂的吃饭问题，保证大家在早课之后最快地吃完饭，准备参加起龛上山的佛事。

24 号晚上，很多人没有睡觉，一直在工作。有的人在炒菜，有的人在煮粥，有的人在分食品，有的人在切菜、做卫生，当然更多的人在灵堂内外念佛。自己把四祖寺的家当基本全部挖掘出来了，把过年时候才用的桌椅板凳也全部拿出来了。大家都知道了自己要干什么和如何干，自己反而轻松无事了。所以这天早上没有像前几天一样去灵堂内念佛，而是做完事后拿了食品回房间吃完，换了衣服准备去送老和尚最后一程。

抬着老和尚的灵龛心里恢复了悲哀和严肃。自己根本不是在有意识地行动着，一切是随着大众的洪流涌动着的。所以，当回去之后才发现肩膀很痛，而且痛了一周才消失。

老和尚最后一着也在弘扬佛法。满院子的花圈在宣传着佛法，满院子的挽联在宣传着佛法，满院子的念佛声在宣传着佛法，满院子的庄严还是在宣传着佛法。而且自己很肯定，老和尚一定还会留下舍利子来宣传佛法，因为他的愿力强大，功夫上乘。

他在自己奠基的大金塔工地火化，大金塔还没有完全开工，第一个工程却成了修建老和尚的化身窑。老和尚要把自己的身躯用来做大金塔的基础，老和尚用自己的最后一着来修大金塔。是该为他高兴？还是该为他悲哀？为什么自己只有彷徨与迷茫？！

自己曾经在 24 号傍晚去看过修建中的化身窑，一路的坎坷与泥泞，一路的风雨与艰辛，不知道自己是如何上去的，也不知道自己是如何回来的。悲哀伤痛表达不了自己的心情，泪水麻木装饰不出自己的存在。自己真的就像一具行尸走肉的躯体，不知道要去哪里，不知道要如何走。好在大金塔的工地就在自己住房的后面，自己是闭着眼睛也能找到的。不管如何彷徨与迷茫，凭着自己的潜意识也能来去自如。老和尚再也见不到了！老和尚再也不能指导我们了！老和尚离开我们了！自己的以后是否还能如此自如？

人天再次失去了正法眼，我们再次失去了依怙！很多人不愿意离开大金塔工地，不愿意离开化身窑……面对着化身窑不停地跪拜却无法表达伤痛！……弥地漫天的肃穆也装不下内心的哀恸、彷徨和迷茫……

❧ 泪眼相望正法眼 ❧

老和尚用自己的身躯来做大金塔的地基，用自己的最后一着来弘扬佛法，宣传四祖寺。自己只能接受现实，把眼前的事情做好，用实际行动来报答老和尚给我们留下的正法眼藏。

因为中午吃饭的问题，自己还是要回去帮忙。尤其严重的是自己判断失误，以为大家参加完法会后会纷纷归去不来吃饭。没有想到的是很多人依依不舍，不离开四祖寺。中午只准备几百人吃饭的工作失误了。可能还会有两三千人回来吃饭，甚至更多的人会回寺里面吃饭。

木头一样的自己再次回到了斋堂，看到这么多人在等菜等饭，恨不得长出十几只手脚来。很快就从伤痛悲哀中走出来了！组织人切菜、烧火、做饭是唯一自己能做的事情，大小斋堂完全失去了控制，自己也无力去整顿秩序了。心里只留下"快！

快！快！"的声音。

吃完饭快两点了，通知上说三点钟全体老和尚的出家弟子开会。法眼寺前几天就有消息说有个准备出家的人，他家人来寺里闹。自己还要早点赶回法眼寺去处理这一问题。所以，自己决定六点离开四祖寺，准备过几天开化身窑的时候再过来。

下午的会开了两个多小时才结束。这么多的师兄弟一下子自己是认不完的。认命吧，是什么样子就是什么样子，等着自己去处理的事情还很多。尤其是老和尚走以后的工作问题还多了去了。哭是没有用的，闹更加无聊，如何面对现实是自己的当务之急。所以，唯有收拾悲哀与伤痛，无须再沉溺于庄严与肃穆，该干什么干什么去。赵州老和尚的"吃茶去"是眼前最实惠的行为。因为化身窑里面的人不是我，想走还没那么便宜。既然走不了那就把眼前的事情办好，尤其是现在，没有等待的机会了，没有依赖的环境了。

急急忙忙收拾好东西，吃过晚饭就回法眼寺了。好累啊！好困啊！别人也是一样的，边上的人还在开着车，不能倒下，无权倒下。平时很熟悉的路今天怎么都变得陌生了，使劲掐腿子勉强把自己弄得清醒一点。总算是到了法眼寺了，一看时间已经快十一点了。

睡觉！还好在路上就把我们的情况跟寺庙说了。所以，一到法眼寺大家基本就都有了自己可以睡觉的床位，大家都很辛苦，非常劳累，睡觉是唯一的选择。而且回来的五个人都是好几天通宵干活没有休息的，尤其是司机，他坚持开了将近五个小时的车回来。

睡觉！一切明天再说。结果这一觉自己就睡到了五点一刻，错过了早课香的时间。其实四点半的时候闹钟响过，自己还起来关掉，但是实在起不来，所以就任由自己睡过去。身痛、心痛、无助、彷徨全部要放下，因为眼前面对着一大家子的人，他们还在期望着自己。

好累啊！好迷茫啊！好彷徨啊！自己要扛住！自己没有权力放弃！自己必须要把老和尚留下的家业看住弄好！放下劳累、走出迷茫、不再彷徨是摆在自己眼前的事情。只要有道就会有庙，这是老和尚一再告诫自己的。眼前的问题是我们能不能把道、把正法眼藏传下去。

-❈ 含悲续传生活禅 ❈-

老和尚走了，自己现在是背水一战。就像"犹如船子覆船去"写的一样，自己没有可依赖的了！自己没有可依靠的了！自己没有大树好乘凉了！自己没有可询问指导的人了！……

自己只好收起泪眼，把这几天没有完成的工作捡起来。既然没有去坐早课香了，就趁着这个时间把该做的事情做了，把该完成的工作完成了。法眼寺目前还不能没有自己，法眼寺还要继续下去，千头万绪再复杂也要扛起来，这是老和尚的遗愿。

准备要做的佛事、联系要做的工作、联系小徒弟的家长、联系要办的活动、联系要去的地方、设计活动的程序、安排自己的行程、安排法眼寺的日常生活、恢复日记的写作……真的是千头万绪！不过自己会一件一件地去做，一件一件地去努力。

自己发愿以后要在法眼寺给老和尚建座舍利塔，需要选择一个地点。即使老和尚的化身窑没有打开，不知道是否会留下舍利子，是否自己能够得到供奉舍利子的机会。但是自己坚信愿望一定会实现！因为老和尚的愿力自己从来没怀疑过！自己坚信老和尚会把舍利子安放一部分到法眼寺。就像以前开法会很多人总是担心天气一样，自己坚信老和尚的愿力足以解决这些问题。所以，一有时间自己就满山遍野地跑，看看法眼寺什么地方适合建造老和尚的舍利塔，并在自己的肚子里面设计了好几个方案。

心里的难过一下子就没有了是不可能的，但是忙碌不允许自己有时间去悲哀和伤心。要说有悲哀和伤心就去悲哀伤心自己的身体吧！的确身体是非常疲劳的，真的是心力交瘁！所以，干脆放下，就从如何把伙食搞好开始，从如何把生活搞好开始，从如何把道办好开始！

吃茶去！

坐香去！

接待去！

吃饭去！

睡觉去！

……

明天开化身窑，到四祖寺去！

以前是老和尚奔波，现在要靠自己去了！以前可以不接受的活动现在自己要接受了！以前可以不下山的事情，现在自己要下山去办了！以前……认命，自己不是马上要出的书叫《安住在折腾中》吗？不能光是叫别人安住在折腾中，自己现在正好应用这个道理。

所以，四祖寺的事情一完就跑武汉做活动了，武汉的活动一完就跑北京去了。北京的活动完了马上就去武汉，武汉的事情完了该回法眼寺一下，好像还要去一下四祖寺，还有17号到19号北京赵州茶馆的禅修是自己带。只要有人请自己全部答应前往。

最最大的事情是13号（农历四月初四文殊菩萨圣诞），往年都是自己带黄梅的居士去云居山放生。今年想让他们到法眼寺来放生，这是一件不容易组织的活动。因为到时候会来三四百人，而且是松散的组织，很难管理。所以在四祖寺的时候年年是由自己带领。这一切的一切都要去准备、去落实，不写了，忙去吧！

-❀ 乘愿再来法眼寺 ❀-

老和尚圆寂已经五十多天了，我们各自用自己的方式纪念老和尚。今天法眼寺举行了大型放生活动，祈祷老和尚早日乘愿再来，利益众生，佛日增辉，法轮常转，世界和平，风调雨顺，灾殃消除，疾病停息，信众常兴，事业发达，学有所成，学子如愿，延寿安康。

几天来的阴雨和云雾朦胧的天气就在放生开始的时候转晴和消散了。一早大家还在担心这大下雨的天气再加上云雾缭绕，怎么举行法会？等到被放物命到达法眼寺的时候，太阳就出来了，云雾消散了。再加上高山的气候，地面也很快就干了，完全没有了雨天的痕迹。

因为不知道被放生命何时到达，所以，今天法眼寺的两个禅堂依然安排坐香。在早四支香开静的时候，被放生命也快到达了。自己就要求坐精进香的禅堂开静，这个时候他们已经坐了一百多分钟了。因为这边的禅堂坐香时间表基本是上午一支香从八点就坐到十一点多开静吃午饭。

为了让生命尽量快地放出去，我们把放生的仪规进行了简化。给被放物命洒完净、受完三皈依之后，绝大部分的人就去把生命放回大自然。自己和其他法师继续把放生的仪规做完，然后给参与放生的人做回向和进行祈愿老和尚早日乘愿再来的诵经祈祷。

从无念湖发回来的照片看，很多人是第一次参加放生活动的。当他们亲手把生命放回大自然的时候，可以看到他们的不同表情，有的人泪流满面，有的人庄重肃穆，有的人欢呼雀跃，有的人默默祈祷……相同的是他们的心里都在为生命获得新生祝福。

很多人在默默地祈祷老和尚早日乘愿再来我们这个苦难的娑婆世界救度众生；希望他早日回来利益更多的生命，给予更多的生命新生与希望，帮助他们脱离苦难的世界，步入解脱的天堂；祈祷着佛教的事业能够蒸蒸日上，祈望佛日增辉，法轮常转。

当然大家心里面还有更大的愿望，那就是祈祷世界和平，战火永息。祈祷我们的国家风调雨顺，灾殃消除，疾病停息，人民大众离苦得乐，大家的生活蒸蒸日上。祈祷广大的信众事业发达，学有所成，学子如愿，延寿安康。祈祷参与放生的人心想事成，吉祥如意……

当自己看到大家的虔诚与信心的时候，一直在祈祷大家能够有求皆遂，达成所愿。也同时想着以后在能力所及时，多多为大家做点这样的事情。当然自己的发愿禅修也是非常重要和有效的，只是禅修的供养过程没有这些形式，大家看不到而已。所以，形式与内容的结合也是非常重要的。

很有意思的是，法眼寺在上个月，也就是 5 月 13 号文殊菩萨圣诞那天，黄梅的二百多位居士来法眼寺放生。当自己在为信众祈福消灾、为学子如意做祈愿的时候，心里默默祈祷着老和尚早日乘愿再来。所以，后来就组织了这场祈祷老和尚能够早日乘愿再来的放生活动。

经过今天的放生活动，自己决定以后在法眼寺举行月月放生活动。一来可以满足大家的放生祈福等要求，二来也可以实现自己的祈祷老和尚早日乘愿再来的愿望。所以，自己就发出了法眼寺以后将月月举行放生的消息，同时把原来组建的临时法眼寺放生群改为长期的法眼寺放生护生群。

所以，法眼寺以后将于每月10日前后举办大型放生活动，祈祷上净下慧老和尚早日乘愿再来，利益众生，佛日增辉，法轮常转，世界和平，风调雨顺，灾殃消除，疾病停息，信众常兴，事业发达，学有所成，学子如愿，延寿安康！欢迎大家前来随喜参加。法眼寺护生放生QQ群：276945089。

第三章

法眼寺升座

-✄ 准备法眼寺升座 ✂-

老和尚的圆寂逼着自己无奈地承担法眼寺这个担子。既然大家都要求自己升座，也只好随顺众生勉为其难。不过这样被动做事情之后，倒是省了很多纠结和麻烦。自己可以随时停下来，因为没有邀请任何人来参加，要是升不成座就这样每天坐九支香的日子也很舒服，同样是在利益众生。

因为是个不小的寺庙，所以政府方面也蛮重视，要求的内容也蛮多。好在一切由功德主去安排和执行，自己省了很多的心力。而且功德主彻底把寺院交给自己来管理，还把维持寺院里升座和修行需要的条件基本配齐，自己也没有什么可以要求的了。

当然，没有钱、没有势很多事情是很难办的，但是自己有一个什么都接受的能力。所以，尽管很多事情难办，或者说是困难重重，但是自己充分应用"烦恼来自于急于求成"的办法解决。设备不到位，那就限制一些人到来，按照接待能力，能接待一百人我们就接待一百人，能接待三百人我们就接待三百人。

所以目前在寺院里面的几十号人忙坏了。置办了很多新家具、新用具、新设备……做缝纫的，布置场地的，打扫卫生的，做后勤的，做宣传的，带香的……大家各忙各的。尤其是一些基础工程的结尾比较复杂，很多地方在赶工加班，大家实在是忙坏了。

因为本来是准备三五十人生活的场所，现在要增加十倍的人数。夏天的时候接待一百多人已经把我们弄得手忙脚乱了，现在要接待三百人，实在是非常辛苦。所以，先来的这些人天天在起早贪黑加班加点地工作，收个工吃饭都要拖时间。

看着大家这么辛苦为了升座法会努力，自己也不忍心停下不管。所以，硬着头皮写资料、做宣传、发消息、要求工程结尾、管后勤、安排工作……也跟着大家忙个不亦乐乎。身体感觉真的是吃不消，所以经常还要跑到禅堂去偷懒，把身体恢复一下。

目前拜万佛忏的事情基本已经落实，经书、场地、人员基本到位。这是自己最关注的内容，因为忏悔非常重要，过失使得我们做事情困难重重。就拿老和尚圆寂来说，这本身就是我们的一个大过失，要不然老和尚在的话，我们就不用这么困难。

所以，拜万佛忏被自己列为最最重要的活动，也是最最辛苦和艰巨的工作。本着为大众服务、利益广大众生的原则，我们免费为大家写小牌位。这项工作是非常艰巨的，因为免费之后不免有一些人轻视这个工作，认为便宜没有好货。不过我们按照"只问耕耘，不问收获"的原则做事情，一定是不会错的。

来了这么多人，不把晋院仪式做一下好像说不过去。所以，到时候看看有没有条件做个晋院仪式。写个晋院法语对自己来说不是非常困难，所以先把晋院法语准备好了。不过还是不公开，因为怕万一没有说法条件的话，还是准备把这些文字放在记忆中。

因为法堂是我们的大库房，要把法堂清理出来不是一件容易的事情。而没有法堂就没有说法的场所，所以现在正在想办法借用点别的空间来解决问题。好在这些问题在自己看来都好办，但是劳师动众实在是不得已。努力去做吧，跟着大家一起忙着好像心里会踏实一些。

-❧ 各种铺排为升座 ❧-

住在寺里面却没有时间坐香还真不习惯。现在为了升座的事情每天只能在早晚进禅堂打坐，对于自己来说实在是很不愿意的事情。脑袋里面总有不甘心的念头出现，要是不用升座，每天就这么禅修过日子该多好。非要搞这么烦琐的事情出来干什么？当看到大家为了升座法会忙碌，没有时间进禅堂打坐的时候，自己的这种念头尤其突出。这么多人为了一个法会劳民伤财，不能真正地用功办道，实在很不愿意。所以，以后发愿要把法眼寺做成禅修的道场，让在这里住的人能够安心禅修。

所以自己坚持不请客人来法眼寺，只是在看到大家忙不过来的时候，请了十几个义工过来帮忙。因为大家知道了自己要升座之后，纷纷要前来"观礼"。尽管自己决定不做庆典仪式，但还是选择了上堂说法和拜《佛说佛名经》（万佛忏）的活动。尽管自己劝说"观礼"的人不要来了，但是这些前来拜忏的人也同样有吃住问题。

忏悔是自己非常喜欢的事情，也是佛教修行的一个必要手段。比如自己现在不能在禅堂里面坐着，就是因为忏悔得不够。所以，需要忏悔来消除业障，增加福报。同样，很多人也需要忏悔，需要增加福报。所以自己还是很鼓励大家前来拜万佛忏，那么这些来拜忏人的吃住问题就必须解决。

法眼寺从去年（2012 年）的空房到今年夏天能够接待一百人的禅修，已经把自己所有的精力耗尽了。现在要把接待能力提高到三百人左右，有很多的事情要去做。尽管功德主出钱出力，但是自己深深知道这些人力物力也是大家节衣缩食来的，绝不可等闲视之。

佛教讲庄严国土，利乐有情。既有形式上的表现，也有内容上的意义。升座中庄严道场的种种铺排和活动，也算是一种形式上的表现。因为这样可以让一些人对佛教的信心建立和坚固起来。这才能达到"令未信者生信，令已信者增长"的弘扬佛法的目的。

内容的意义就更多了，从自身的庄严来说就是要把自己的能力提高，所谓的不断优化自身素质，或者就是师父讲的觉悟人生。因为只有不断地提高自身的素质和水平，才有能力帮助更多的人，从而帮助自己成佛做祖，利益众生，广度有情。从道场的庄严来讲，就是树立和提高学风道风。提高了学风道风的水平就庄严了道场。所谓山不在高有仙则名，水不在深有龙则灵。

所以，尽管升座中的种种铺排忙坏了大家和自己，是我们都不喜欢的事情，庄严道场的这种种铺排尽管是劳民伤财，搞得大家疲惫不堪，但我们还是做得津津有味，奋勇当先。希望以此来忏悔业障，优化自身素质和提高自己的能力。

如何把这些人力物力用在"刀刃"上，是自己的任务。第一，要保证来人有吃有住，可能吃得不好但一定要吃得饱；可能住得不好，但一定要有地方住。第二，道场庄严能节省就节省，但是庄严气氛绝不含糊。第三，禅堂不停坐香，把已经拥有的学风道风发扬光大。第四，升座的庆典仪式取消，改为上堂说法、拜万佛忏，每天中午上大供，其间不定期举行上堂说法、放生、三皈五戒、短期出家、斋天、拜月和晚上施放焰口，希望能够最大化地利益大家。

❧ 舍本逐末话升座 ❧

自己在法眼寺升座累坏了很多人，真的是浪费精力。事实上，升座还是一个舍本逐末的行为。因为升座法会基本把禅修舍弃了，大家都在搞一场热闹。消耗众多的人力物力不说，为了搞好升座法会还让很多人生烦恼。

从禅堂里面来看，坐香的人比平时还少。因为什么呢？平时坐香的人都在一个萝卜一个坑地顶着自己的工作岗位，甚至很多人一个人顶三个人的活。不举办升座法会的话，是没有这些工作的。自己请来的义工，为了庄严道场非常辛苦，再加上没有平时坐香的训练，已经累得坐不住香了。即使取消了升座庆典，减少了接待活动，来赶热闹的人忙于吃住问题还是弄出很多声响，影响禅堂里面的人打坐。所以自己把升座法会说成了舍本逐末的行为。

不过从另外一个方面来说，道场的庄严摄受了一大批初入佛门的人，让他们对佛法生起了信心，对佛教产生了强烈的喜爱。如果能让他们加入忏悔的行列，也算是一件非常大的功德。

当然这些功德与禅修的功德比较来说，那是微不足道了。因为一切功德皆由禅定出，禅修是最圆满的供养功德。从佛教来说，一切行为都是供养。诸供养中，法供养是最高级的供养，而无声的说法又是佛教里面最究竟的说法。所以，无声说法的供养则是最圆满的供养了。禅修就是无声的说法，所以，禅修的供养是最圆满的供养。

这样看来，一切的供养都不如禅修的供养。升座法会所做的供养，自然也远远不及禅修的供养。所以，尽管升座法会迫在眉睫，各种事情忙个不亦乐乎。自己的心还是在禅堂里面，禅堂的香是绝对不断的。可惜的是今天一早进禅堂打坐，看到平时人满为患的禅堂现在都坐不满了，心一下子紧了。因为目前在寺院的人数比平时多，自己还以为禅堂里面一定会出现位置不够的情况，甚至自己还提前增加了几个位置。而事实上，进堂一看不但没有出现自己预期的现象，还出现一些空位，这是自己始料不及的。后来仔细思考了一下发现是因为大家为准备升座法会的事情而没有前来打坐，感慨自己的升座法会让大家辛苦了。大家为了这个小事情，而放弃了禅修这件大事情，真的是拣了芝麻丢了西瓜，是一个舍本逐末的行为。但是箭在弦上不得不发，以后一定要注意这些事情。

我们的禅修就是这样来之不易，会被种种的事务干扰停歇。我们的禅修爱好者会因为外界的各种情况不得已而暂时离开禅堂（事实上也是我们资粮积累不足，忏悔做得不够）。所以，让自己感觉到了禅修是非常奢侈的事情。也正因此，自己决定一定要把禅修在法眼寺坚持下去，要让法眼寺禅堂的香不断绝。

事实上，法眼寺平时也只有二三十个人。但是这些人经过长时间的禅修，很多人都练得精力旺盛并且分别心很轻。所以，各种事务大家干起来如鱼得水效率很高。不管是体力劳动还是脑力劳动，他们每一个人都可以顶三个用，而且大家合作愉快。我们一年多来就没有请过一个厨师，每天我们都是利用两支香之间的休息时间就把饭弄好了。因为大家精力旺盛干活不遗余力，而吃饭又没有分别心，吃什么都好吃。所以，我们这些对生活要求不高的禅修爱好者就能够高效率地把非常复杂的事情办好，自然就能够把升座这件舍本逐末的法会做得清静庄严。在外人看来就好像效率要比别人高出很多。

-✼ 将在法眼寺升座 ✼-

在法眼寺每天九支香（老和尚在世的时候称为禅七，老和尚圆寂之后改称坐长香）地坐了六十五周之后，2013 年中秋节被邀请升座。在法眼寺升座当方丈实在不是自己的愿望，老和尚在世时一直要自己一步到位升座当方丈被自己拒绝了。自己一再称自己只是老和尚在法眼寺的看门人。现在老和尚不在了，自己没有了退路，只好承担起这个责任。本来也可以拒绝当这个方丈（而实际上自己也总在推托），因为自己在老和尚和功德主面前就强调过老和尚如果不来法眼寺，自己也不去法眼寺。但是当自己在法眼寺开始打七之后改变了主意。

因为这里不管是从哪一个方面来说都非常适合禅修。所以当老和尚要求自己到法眼寺常住之后自己就希望在这里打个千日七。所以，自从自己落脚法眼寺之后就开始打七，直到老和尚圆寂，把打七改为坐长香。虽然名称改了，但是打坐的时间表没有改变，千日禅修的目标没有改变。现在各个方面都要求自己在这里升座，自己再次兴起千日七的念头。希望法眼寺有一个禅堂能够一直保持打七，永远不解七。所以，虽然不愿意在这里升座，但是想到可以实现自己的愿望，还是答应了这个要求。希望法眼寺在自己的经营管理下，能够把不断禅修这一特色保持下去。

虽然答应了在这里升座，但是自己的坏脾气还是保留了下来。经过和功德主的协商，希望升座不举行庆典和仪式，这也得到了各方面的认可。因为老和尚在世的时候就说过："法师升个座，百姓半年粮。"自己既没有升座所需要的钱，也不想要这个虚头。所以，自己决定在法眼寺升座的时候不举行庆典，不举行仪式。改一天的升座庆典仪式为半个月的拜万佛忏，并且禅堂里面依然坚持每天九支香禅坐。在万佛忏结束之后找个适当的日期，正式举行一个千日禅七的起七仪式。这个提议得到了大家的认可。

所以，请各位尊敬的政府领导、恩师首长、诸山长老、同参道友、同见同学以及各位亲朋好友原谅，自己升座的事情不再另行通知，也不再邀请出席参加各项佛事活动。自己只能把拜万佛忏的功德回向给你们，是你们的帮助成就了今天的我，满足了大家禅修的愿望。

目前自己正在准备拜万佛忏的事宜，因为拜万佛忏不是一个简单的佛事，需要很多人来参与。而且到时候吃住行都是问题。从佛事来说，尽管升座不做庆典仪式，但是也不会只是拜万佛忏这一个佛事，一定会有三皈五戒、短期出家、上堂说法、放生、上供等佛事。这样的话会有很多的事情需要去做，需要去准备。从吃住的问题来说，法眼寺目前最大的接待能力是一百人，如果来个三五百人的话吃住问题就会很严峻。而且山上交通不便，一切的问题都不容易解决。所以光是这一项问题就够自己乱忙一阵了。

然后是各项佛事的准备工作，因为法眼寺目前一切东西都是从去年以来一点一点准备的，一切的用具只够五十个人禅修之用，佛事需要的器材全部要去采购。再加上资金短缺（幸好逃掉了升座庆典仪式的费用），一切的用具只能精简再精简。一切以吃住问题为先，然后才能考虑佛事的问题。最后是人员问题，拜万佛忏需要很多人才能完成。因为老和尚不让自己从其他庙带人带物来法眼寺，所以，目前法眼寺的运营全靠自己培养起来的几个徒弟。而他们只对禅修感兴趣，对于佛事实在拿不出手。所以到时候还要去外请法师，而这又是自己不愿意的事情。

所以，升座这件事情尽管免去了庆典仪式这个大活动，但是其他的事情也很头疼。好在自己现在有一点禅修的基础，可以勉强应付一些很不愿意和难以做到的事情，一切只是努力去做就是了！

❊ 晋院法语 ❊

山门

拈香毕，执拄杖指山门：

板响三省同来参，空门从来不用关。

今日幸得回家路，承恩不负百姓家。

卓杖云：进！

祖师座前

拈香毕，合掌云：

巍巍祖师大士风，承前启后开麻城。

我今虔诚来顶礼，欲续宗风慰祖翁。

展具三拜。

伽蓝座前

拈香毕，合掌云：

护法安僧有伽蓝，钦承佛敕共输诚。

二六时中无私隐，海众安和护祖庭。

展具三拜。

弥勒座前

拈香毕，合掌云：

大肚皮里转妙轮，龙华三会愿相逢。

抛却烦恼缘何事，今喜山门重开张。

展具三拜。

韦驮座前

拈香毕，合掌云：

韦天正眼烁大千，佛国金汤万世严。

常镇山门绝非虞，护佑缁伦亿万年。

展具三拜。

文殊殿

拈香毕，合掌云：

狮子座前礼大士，三世觉母智难酬。

大慈宝智妙吉祥，本是如来辅法王。

展具三拜。

普贤殿

拈香毕，合掌云：

普贤行愿广无边，瓶泻二千酬沙界。

一行三昧皆自在，灵感神通震大千。

展具三拜。

地藏殿

拈香毕，合掌云：

归命慈威地藏尊，拔苦与乐宏愿深。

三途六道行不止，锡杖明珠度迷津。

展具三拜。

观音殿

拈香毕，合掌云：

三大劫修若虚空，慈眼悲愿各不同。

观破烦恼得自在，十方刹土证圆通。

展具三拜。

大雄宝殿

拈香毕，合掌云：

巍巍世尊展慈容，三觉圆满万德隆。

恩周法界昏蒙醒，我今稽首振玄风。

展具九拜。

方丈室

执拄杖云：

先德堂前惭愧入，依教奉行传灯来。

焚香扫地勤勤做，佛恩祖恩常常念。

法堂

拈香云：

此一瓣香：先天地而有，超日月之光，爇向炉中，专申供养十方常住三宝，西天东土历代祖师，天下宏宗演教诸大善知识，本寺开山无念深有祖师，伏愿慈光注照，佛日增辉，法轮常转，禅灯永耀，山门清净，海众安和，高僧辈出，慧业腾辉。

此一瓣香，根盘三界。叶茂十方。爇向炉中，诚心祝愿：

全国各级领导、各族人民，身体健康，六时吉祥。伏愿世界和平，祖国统一，国运昌隆，人民安乐，风调雨顺，政通人和。

又怀中取香一瓣云：

此一瓣香，怀中取出，无名无相，非色非空，蓺向炉中，初申供养，云门堂上，上净下慧老和尚，用酬剃度、戒源、法乳之恩，提携栽培之德；再申供养，光临法会的诸山长老，各位领导，各位来宾，同参大众，护法居士，身体健康，万事如意；三申供养，本寺常住首领、执事、两序大众，感谢厚爱扶持之意。伏愿山门镇静，海众安和，远近檀那，增延福寿。

展具三拜上座拈香。

卓杖云：

恩师何事撒手去，带累儿孙苦苦撑。

传承全容升宝座，宗风续接不敢辞。

诸位大德、各位领导、各位护法居士：此次因恩师上净下慧老和尚突然圆寂，加上恩师生前错爱推荐，复经省、市、县党政主管部门同意，佛教协会批准，命明一任商城县法眼禅寺继位住持，对此重任，辞谢再三，未获恩免，只得仓皇赴任，深恐有负重托。老和尚的突然圆寂，自己一点准备也没有，无奈要完成他老人家布置的作业，勉为其难承担此任，这样匆匆忙忙地上任，令自己没有机会烧黄檗禅板，哭沩山拄杖。虽然如此，今受命洒扫山门，自当努力从事。自今而后，提倡学风，领众熏修，维护常住，清净山门，匡扶大众，健全制度，树立道风，内修外弘，服务社会，维护团结，落实老和尚生活禅理念，贯彻爱国爱教宗旨。仰祈各位领导、诸位大德暨两序首领执事、全体大众，时时护念，事事提携，同见同行，共修共勉。虽然如是，即今晋院升座、海众云集一句，应如何举扬？

黄檗禅板续添薪，沩山拄杖重雨法。

承担新纪生活禅，报恩不负老如来！

-✄ 省钱省力免庆典 ✄-

这几天自己通过博客、QQ 群、短信、微信等渠道一直在宣传取消升座庆典的活动，震动了很多人心。很多人打电话来说是不是自己感觉受委屈了？这样不请 ××× 是不是太不近人情了？你这样不让我们前来庆贺，让我们非常为难！等等说法不一而足，搞得自己哭笑不得。

自己已经出家了，以为已经进入出世间法了，但是世间的俗套还是往自己的身上套。所以，我要不断地给人解释，告诉他们如果自己是这样的人，那你们还来亲近干什么？这样的法师还是不要去亲近为妙。如果自己是值得亲近的人，将来有空再来，自然一样会受欢迎，为什么就是放不下？

其实自己的本意只是因为这里的生活条件差，怕大家前来参加法会吃苦受罪。因为自己第一次跟随老和尚参加法会的时候，老和尚就教自己一个口诀："参加法会，抢吃抢睡。"这从两个方面来说都是非常有意义的。一方面是因为法会人多资源少，大家的吃住都是问题；另一方面是体现佛教的自利利他的精神，要求大家先把自己庄严起来，在自己具备帮助别人的能力之后，再去帮助别人，为别人服务。而且，就是自己在柏林寺和四祖寺办活动的时候，都是劝人不要来赶热闹。因为来参加这种赶热闹的法会没有多大意义，吃苦受累不说，还增加了主办者的麻烦。虽然主办者会很高兴大家前来参加，但是这样的事情在自己看来是没有多大意义的。

所以，在自己举办升座法会的时候，采取的措施就是请大家不要来。大家知道这里有活动、举办过某某事情就可以了。以后有机会，在人少的时候再来，我们可以参禅问道，叙旧聊天。这样大家开心，而且不会有吃住问题，也不会太过劳累。

所以，这次的升座法会取消了庆典活动，改为其他修行佛事，一下子就少了很多接待工作。因为山里交通不便，来人都要车接车送，住宿更加艰苦，要把这些住宿物资弄到山上来，实在是非常劳民伤财的事情。即使勉为其难，也一定不会让大家住得满意。同样，吃的问题也会因为山高路远而不能让大众满意。山上吃的东西虽然丰富，但是量都不大。要想满足大批来人吃菜问题，就必须从山下拉。自然这样的菜不如城里的了，不管是从天然程度还是新鲜程度、丰富程度都比城市里面来得低劣。

虽然自己一再提醒大家尽量不要前来参加升座法会，但是，还是很欢迎大家前来参加拜万佛忏的法会。因为包括自己在内的人都很需要忏悔。

事实上，不管来什么人，自己也都是欢迎的。因为他们不怕吃苦、不怕劳累，而且来了就开始干活。人手少，而且大家看到自己也在做事情的时候，他们自然而然就加入到了干活的行列中来了。所以，老专家、老教授被自己指挥得团团转地布置大殿的情景会经常出现。当然这样的事情是自己不愿意看到的，但是他们被自己指挥得团团转却是他们此行的目的。他们也希望法眼寺能够更好，能够有一个安静禅修的场所，能够有一个一年到头可以打坐的地方。这不但是他们自己的需要，也是他们的学生和亲朋好友的需要，是同修同参们的需要。

⊰ 满足众愿话升座 ⊱

升座法会的第一堂佛事总算结束，对自己来说不算很累，只是心里面想着累了这么多的人心有点不甘。从另外一个角度来说，把道场铺排得这样庄严肃穆，让大众生欢喜，也算是有所得。不管是心有不甘还是有所得，自己知道法会真正的劳累在后面。

因为马上就拜万佛忏，其间还要不定期举行上堂说法、放生、三皈五戒、短期出家和晚上施放焰口，每天中午上大供。这些都不是容易的事情，何况我们的禅堂还要继续坐香。这些对于我们几十个人的僧团来说是一件非常劳累的事情。

其实对于我们几百人参加的升座佛事来说，道场的布置并不是我们最最辛苦的事情。因为我们谢绝了前来参加的贵宾，所以，也没有什么接待上的车来车去，买票接送的辛苦。真正的劳累来自于新禅堂的赶工和其他设施的启用，因为我们希望新的禅堂能够在法会中使用。尤其是新禅堂中安装暖气的问题，我们基本上是出动了所有的男众帮助安装暖气。大家的手弄得全是血疱，加班加点总算是把暖气搞定了。因为这是几百年的大事，我们在工程质量上绝不含糊。所以，在赶工时工人不足的时候，自己动员全体男众去帮忙。

再有就是缝纫的工作，因为一下子要增加两百个床位，那么我们的床和床上用品就远远不够了。所以，买了几千米的布自己做。七八个女居士，做完床单做被套，做完枕套做桌套，各处佛像的背光布帘，各处殿堂的窗帘……就在我写这篇文章时，三台缝纫机还在不停地运转中。

再有就是斋堂启用，忙坏了工人，也忙坏了我们自己。因为直到19号升座当天的夜里两点才把斋堂交付给我们。在大家的努力下，打扫卫生的打扫卫生，试灶的试灶，试电的试电，试蒸锅的试蒸锅……总算是在19号的中午让大家在斋堂吃上了饭。其中多少人彻夜不眠是可想而知的。

当然这样赶出来的活是有很多问题的，我们后面的工作会更加辛苦和困难重重。何况我们还在拜万佛忏，还需要很长的时间才能把这些事情弄好落实。不过总算是把寺院的架子搭起来了，让大家不用端着碗到处吃饭了，让大家知道了一点点寺院的生活方式了。

对于自己来说，升座之后最重要的是把禅堂里面的坐长香恢复成禅七了。因为老和尚的圆寂，禅堂的禅七不得不改为坐长香。尽管坐香的时间表不变，但是大家在里面坐着感觉就是不一样。现在自己升座了，有了一个虚名，算是把原来的禅七延续下来。这样大家坐在禅堂里面的心就比较容易安定下来，功夫也更好做一些。而且随着生活条件的改善，让大家会感觉更加"般般现成，事事如意"。同时新的禅堂马上就要启用，到时候可以容纳更多的人来参加禅修。希望法眼寺的禅修特色能够保持下去，满足更多的禅修爱好者的愿望。

随着法眼寺云水楼和斋堂、新禅堂的启用，可以容纳更多的常住居士和僧人了，欢迎大家前来发心常住。尽管这里的生活条件不如城市周边的寺院，但是这里有禅修，有祖师的加持，有和谐安详的邻居环境，有天然五星级的空气和水……

所以，升座也算是满足了众愿，保持了法眼寺的禅修特色。这也是大家辛苦换来的，不管是已经住在寺里的常住，还是没有住在寺里的护法居士，大家出钱又出力、加班又加点、吃苦又耐劳地才把这场佛事做完。无限的感激之言说不完就不说了，谢谢大家！

第四章

住庙学子好用功

-✣ 停电断水不断香 ✣-

来法眼寺一年多了，禅堂里面每天九支香从 2013 年的 6 月 23 日开始就没有断过。这一年真的是苦苦坚持着禅堂的香不断，因为大家希望这一支香能够一直维持下去。所以，不管是停电也好，断水也罢，即使是过年过节禅堂里面的这一支香也在维持着。

自从老和尚圆寂之后，自己好几次想放弃管理法眼寺。因为在老和尚生前自己有约在先，如果他不管法眼寺自己也是不去的。而且，法眼寺的硬件建设没有完成，生活设施非常困苦，停水断电那是家常便饭。唯一让自己喜欢的是这里非常适合禅修。

生活中的这些困难自己都能克服，但是最最难的是土建问题。因为这需要花费庞大资金，不是自己能够解决的。而土建问题不解决，我们的生活设施是不可能改善的。所以，这种停水断电、风雨路毁的日子不知道什么时候才是尽头。

看着这些禅修爱好者冒这么大的风险，克服这么艰巨的困难来法眼寺禅修，自己心里实在是放不下，只能硬着头皮把这一支香维持下去。因为有的人为了来禅修打破了自己的金饭碗，有的人为了来禅修与家人断绝了往来，有的人为了来禅修放下了世间的名利……总之，来参加禅修的人，没有一个是轻松的。每一个人都是顶着各种各样的困难前来的。即使是家里支持，也要克服这里基本没有交通的困难才能到达法眼寺。所以，自己实在不忍让他们失望，为了维持这一支香的延续苦苦挣扎着。

所以，自己目前的要求就是到点儿禅堂里面能够止静、开静，到点儿大家能够吃上饭。为此自己愿意做一切不喜欢做的事情，比如求人、求钱、求保佑……这些自己以前不屑一顾的事情现在全去做了。只是希望禅堂的这一支香能够维持下去，能够不让这些禅修爱好者失望。

所以我们放生祈祷帮助，所以我们不怕被骂去做广告，所以我们不停地联系着往来车辆，所以我们厚着脸皮请求着大护法们的到来，所以……好在自己之前有过"不识好歹"的训练，能够在被骂、被踢的时候不放在心上，只要有机会照样宣传不断，希望这一支香能够维持下去。

很感恩从小培养出来的吃苦耐劳和在困苦中生活的能力。

所以停水断电不会成为我们的问题。因为小时候压根儿就没有水没有电，挑水砍柴本来就是家常便饭。所以，现在偶尔有电有水实在已经是很方便的生活了。何况我们现在的人员越来越多，可使用的资源也越来越多。只是人越来越多之后禅堂越来越挤，需要越来越多的位置。睡觉的床位需要的更多了，吃的东西要准备更多了。尽管这不是自己喜欢的结果，但还是在勉为其难地坚持着。

因为我们很清楚，佛陀说过："若人静坐一须臾，胜造恒沙七宝塔。宝塔毕竟化为尘，一念静心成正觉。"我们是学佛的就应该这样去做。"令未信者生信，令已信者增长"，这是自己在老和尚面前发过的誓愿。现在这么多送上门来的人希望自己帮助建立信心，自己如何能够放得下呢？唯一的办法就是向祖师们学着如何"入泥入水"，向观世音菩萨学习"全身入荒草"了。何况这些修行人要求不高，大家只要有香坐、有饭吃，其他一切从简了。而自己要做的事情也就剩下只要禅堂能够维持下去就可以了。

❧ 不如意事常八九 ❧

古人云：不如意事常八九，可与人言只二三。自己在法眼寺真的是不如意事常八九，好在这些不如意事自己基本全部说出来了。前段时间的断路、断水、断电加断网，自己又建议大

84　THE POWER *OF* TOLERANCE AND PATIENCE　忍耐的力量

家一起断脾气。搞笑的是还有人居然把"断脾气"的"脾"字看漏了，担心我们断气。

其实，一个寺院的建设太难太难自己是知道的。这也是自己为什么一直不答应老和尚一步到位的原因。因为一切从无到有，不知道要花费多少的人力物力。本来现在社会上就是庙多僧少，现在还要再去花费那么大的人力物力做新建的工作实在是意义不大。

现在自己被老和尚按死在这里了。为了完成老和尚给自己布置的"作业"，只好硬着头皮干了。好在自己有一点点"不识好歹"的功夫，知道一切的烦恼来自于急于求成。所以，一切可以慢慢来，不急！过了今天还有明天，今天办不完的事情可以明天再办。

尤其是硬件设施方面，这是最最头痛的事情。因为这需要实打实的资金来解决，自己还没有德行来吸引资金建设寺院，一切就千难万难了。没有资金作基础，要想搞寺院的建设，可以说是寸步难行的。所以，目前对于自己来说一切的建设先停下来，以后有一点的钱做一点的事情。

好在功德主送给老和尚的庙现在也还可以住几个人，还能维持常年禅修的可能，大家有饭吃，有香坐心也就能安了。所以，自己目前所能保证的就是禅堂里面不造反，开静之后有饭吃就可以了。保证做到这样，禅堂可以安静打坐，大家可以好好修行。

其他的硬件建设就有一点精力做一点事情。接受一切，是自己唯一可以做到的，不管是什么样的环境，什么样的事情自己全部接受。当然会有很多的不如意，会有很多的困难和阻碍，但是不接受又能怎么样？除非把这个寺院放弃不管了，但这就是自己最大的失败。

所以，接受一切是自己目前唯一解决问题的办法。硬件的建设如此，软件的建设也是一样。可以这样说，硬件的建设还有可接受的部分，因为自己还有点建议权，毕竟将来的使用者是自己，功德主也是非常通情达理的，是一心想把寺院搞好的。所以，他们也非常尊重自己的意见。

软件方面就非常难了，因为每一个人的修行方式不一样。在佛陀时代还有八万四千法门之说，那么在末法时期的现代就更难、更复杂了。所以软件方面管理起来就非常困难。如果法眼寺是在一个不起眼的地方还好管点，因为这样就不会有人喜欢在这里偷懒。而事实正好相反，法眼寺是在一个风光秀丽、景色优美、气候宜人的地方，这样就很容易招来一些在这里混日子的人，把法眼寺的道风败坏。所以，自己除了以身作则示范出勤劳奋勇之外，还一直告诫大家要精进努力，因为佛教的三十七道品，有五个是精进。

所以，一年多的时间里面，自己在法眼寺也轰了几个人下山。就像自己以前在日记"罗刹菩萨不隔线"里讲的那样，为了他们的将来，还是请他们下山为好。因为一个年轻人，不好好用功不好好努力，把寺院当作逃避世事的场所，这实在是耽误自己也耽误佛教。何况现在法眼寺还没有能力让人来逃避现实，当然自己也不会让人来逃避现实。所以自己常常教诫年轻人的话就是"悠游不可久恋"，天上不会掉馅饼的。劝人发愤努力，这对修行是非常重要的。因为这就是我们要消的旧业、不再造的新殃。

直心是道场

六祖说："心平何劳持戒，行直何用参禅。"这真是非常到位的一句话。我们修行就是因为心不平、行不直，所以要挨受这些修行的苦。当然，也有豁达"空"的人，认为砍头不过碗大疤的"英雄"，但这不是修行人的目标，因为他们还有一个"圣解"存在。

修行人的目标是"平等"。如佛陀所说："无一众生而不具有如来智慧，但以妄想、颠倒、执着而不证得。"因为有了妄想执着，所以心就不平，从而导致行不能直。所以，佛佛祖祖们苦口婆心，告诫我们心要平下来，一切是平等的，行要直，直心才是道场。

寺院的现实生活中恰恰相反，很多人过的是心口不一的日子。因为大家都是在修行中的人，知道不应该说他人过，甚至有的是因为持戒不能说他人过。绝大部分的人是因为生活在大家庭里面，不得不敷衍别人而说自己心里不愿意说的话，以便让大家表面上看起来很和谐的样子。这也是在寺院生活中，管理人员要求要做到的。所以，往往他们住在寺院里反而不能做到直心是道场，言行一致。那么这不是与参禅的目的背离了吗？是的，的确是背离的。所以我们在管理寺院的时候要尽力减少背离。

除了把寺院的生活搞好点搞顺点，使修行者感觉少一点背离之外，我们的目的就是希望减少修行者起心动念的机会。这就是古语中所谓"般般现成，事事如意"的说法。从物质生活中的硬件环境解决就不说了，这是硬条件，而软环境的解决就大有文章可做。因为硬件是有限度的，而软件是靠我们的身心力量来实现。《华严经》说的"善用其心，善待一切"就是最高明的文字体现。善用其心就是指的软件，善待一切就是指在软件的指导下最佳利用硬件，创造出最适合人们修行的环境。

佛教中的种种清规戒律实际上就是在帮助我们实现软件的建设。比如："不说四众过"条款，就杜绝了很多的是非言论，让大家积极向上；比如"六和敬"（身和同居，口和无诤，意和同悦，戒和同修，见和同解，利和同均）的生活方式就让我们能够更好地和平共处，以便有更多的精力用在修行上。如此等等有很多很多清规戒律来帮助我们实现善用其心、善待一切的理念。

但是，对于初入门者，或者说是没有理解平等理念的修行者来说，这些清规戒律好像就约束了他们的生活和修行。好像使他们实现不了"直心是道场"，或"行直何用参禅"的理想，这也是非常正常的，因为他们还没有上路，或者说是还没有修成。

那么，这漫漫的修行之路就要靠他们用意志力，来把这好像有冲突的两者融会贯通。因为对于佛教的最高境界——涅槃，简单来说就是一切的二元对立统一了，没有了是非好歹的分别，具有这种境界的修行人自然而然地就实现了这两个方面的融会贯通，自然就走上了"直心是道场"的路。

当然这个过程是漫长而艰苦的，是要付出很多艰辛汗水的。尤其是在初入门的时候，因为分别心比较强烈，可以说是什么都看不习惯。所以这个时候清规戒律就非常的重要，要靠清规戒律来把自己的分别心压下来，修行人处于被扭曲的状态，这是非常艰苦的时期。

随着修行者境界的提高，会慢慢地感觉到这些清规戒律非常有必要，正好用。这个时候你的修行就上路了，你的修行水平正在慢慢提高。随着水平的提高，越往后越会觉得这些清规戒律太好了，正是我需要的。那么这个时候你的修行水平就会慢慢实现"直心是道场"了。

所以，对于我们寺院的管理来说，先是用清规戒律来帮助大家入门，然后应用"善用其心，善待一切"来帮助大家一点一点感受清规戒律的重要性、合理性、必然性，最后大家会感受到清规戒律的自然性。这样大家的生活习惯就与清规戒律合拍了，就自然而然实现了"直心是道场"。

-❀ 初入佛门四个三 ❀-

学佛的方法就是下面四个三：

> 皈依佛法僧三宝
> 勤修戒定慧三学
> 息灭贪嗔痴三毒
> 净化身口意三业

因为时间关系，只能简单讲点。首先就讲讲皈依的问题。现在是个多元化的社会，信佛的人越来越多，与此同时，对佛教有很深误解的人也很多。比如一种流行的说法是，自己心中有佛就行了，干吗要去寺庙找法师皈依呢？

我们要懂得，皈依就是一种信仰定位。首先一个人一定要有信仰，信仰的力量是无穷的。信仰只能有一个，而不是多个，否则就会人格分裂甚至精神分裂。

皈依是信佛学佛的第一步，有没有皈依，直接影响学佛的心态。我自己就有非常明显的体会。没有皈依之前，我也读过佛经，但只要看到自己无法理解的地方，就对佛经产生很大的怀疑和动摇，认为是神话，还不如去看《海底两万里》一类的科幻书呢。下决心皈依尤其是后来出家以后，我有一种心态，就是坚信佛陀说的话是真的，有的佛经自己一时不理解，这时候不是去怀疑，而是明白问题出在自己身上，是自己的知识、理解力、修证功夫没达到，唯一的办法就是进一步学习和修行，自己亲身去证明。有一种方法是，读这本佛经没搞清楚的问题，再去找别的佛经学习，结果就明白了。随着修学的深入，我不断有惊喜的发现，那就是佛学与科学吻合之处越来越多，越嚼越有味。

现在是网络时代，还有一种时髦的人，搞起了网络皈依。其实，我们回到源头就知道，佛陀传法就是"面面相授"，佛陀灭度后，是"师师相传"，这才是如理如法的。

皈依是皈依佛法僧三宝，而不是皈依某个人，这一点请大家务必要明白。比如说，我是代表寺院的僧团来给大家举行皈依仪式。皈依还可以有多次，我们每天上早课都会有"自皈依"的仪式。

讲到皈依必然要讲讲戒律，戒律是庄严美丽的璎珞，守戒是最好的自我保护。皈依之后就要抓住难得的机会，好好学佛。学什么呢？戒定慧三学，也称无漏三学。首先说说戒，一般人一听说要守戒，就害怕，以为会给生活带来麻烦、困难，会受到束缚。其实，守戒恰恰是用来保护我们的，就像我们生活中只要遵纪守法，就会受到国家保护，反之则受到法律的严惩。佛门五戒中的不杀生，最低的规定是不杀人，不杀害国家保护动物，更高的要求当然很严格了。

在佛门，我们常常会说，某某法师很庄严，那一定是守戒的结果。戒律持得严，就像是戴上了美丽的璎珞，就会有威仪，受尊重。持戒才能修定。一个不守戒的人，在禅堂里是坐不住的。打个比方讲，如果偷了东西，你心里就不安宁。欠了债不还，冤亲债主就会跑到禅堂来骚扰你，你是坐不住的。所以说能在禅堂打坐，是一种很大的福报，也说明你这个人比较干净清净。

修定就会慢慢激发智慧。两个人吵架的时候，智慧基本上等于零，为什么？就是因为没有定。我们平时也会说"冷静思考"，冷静就是定。安静下来，我们观察事情的灵敏度和广度就会增加，别人看不到想不到的，你却看到想到了，这就叫智慧。更深的定带来更大的智慧，变得神通广大。

为什么要勤修戒定慧三学？目的是息灭贪嗔痴三毒，这是我们的根本烦恼，由这三大烦恼衍生出无穷无尽的烦恼。三毒不易消，如果真消了，就成佛了。有时候，我们日子过得比较顺，心里也比较平静欢喜，但千万别以为烦恼就没有了。事不关己，好唱高调；事到临头，我们的习气马上就显现，该吵还是吵，爱打架的还是会打架。我常说，也许我们对一百万、一千万不动心，可是如果给你一个亿，你还能不动贪念吗？

最后我们讲讲修行的目标，我们一切修行的目标都要落实到净化身口意三业。今天我们这个人身，或者说色壳子，是受业力的牵引，贪来的。业是什么？具体说就是身体、嘴巴、思想三者行为造作的结果。仔细观察一下就知道，任何一事，都是这三业在起作用。

就拿泡茶来说，我们用开水泡出一壶茶，会带来一系列后果。开水必然会烫死一些小虫子，这就是对生命的侵犯和伤害，这笔账我们要还，这是一种过；泡出的茶给别人喝，是一种供养，这是功德。最不易察觉的是泡茶过程中形成的意识形态，诸如习惯、价值观、思维模式、态度等。比如是否认真，是否有平等心和忍辱精神，我统称为"成见"。茶作为一种物质性的结果，很快消耗了，但整个泡茶过程中形成的成见会带到明天、下个月、明年，一直跟着你一辈子、下辈子，这就是为什么人死后"万般带不走，唯有业随身"。

我们经常会思考人生的意义，一般人认为干一番轰轰烈烈的事业，人生就很成功，很有意义，这不一定。就像刚才举的泡茶的例子一样，关键在于我们干事业的过程中形成了什么样的成见，如果积累了很多自私自利、损人利己的坏习惯，我们就亏大了！另外，没有干成什么大事也不要紧，只要意识形态干净，三业清净，我们就赚了，赚大了。

人生最大的意义是净化身口意三业，这样自然就脱离轮回之苦。我们要注意做任何事都要"随缘消旧业，更不造新殃"。

净化三业，落实在日常生活中，就是行无为法，佛法是无为法。怎样行无为法？只问耕耘，不问收获。也就是说，结果不重要，过程却要十分认真，斤斤计较，一切得失都在过程中。

❧ 盛夏酷暑法眼风 ❧

今年（2013 年）的酷暑总算过去了，从 7 号开始四天晚上没有盖被子，昨天晚上盖上被子了。也许这意味着法眼寺今年酷暑过去了。这几天白天感觉非常热，因为我们没有任何的防暑设施和准备，只好用最原始的办法——用水来给院子降温，大家从边上的水池打水把院子浇了个透。当然在这样热的天气里面禅修是非常辛苦的事情，每一支香坐下来身上基本湿透了。最有意思的是在座上感觉汗水沿着身体向下滚，然后就会感觉一阵清凉。所以，大家下座之后都喜欢到门口风大的地方，让风把自己身上的汗水吹干，这样好有精力坐下一支香。院子的门口是一个大风口，即使是在最炎热的中午，坐在那儿也能感受到阵阵的清凉。所以，法眼寺再热也不用电风扇，也不用手摇扇。因为要是感觉热就到院子门口坐一会儿就凉快了。当然这里也就成了大家交流和干活的地方。这也就是被自己描述成法眼风的原因。

因为法眼寺地处大别山脉的北端黄柏山上，是南北气候的交叉点。经常会看到天上的气候云层在这里交汇，所以一会儿雨一会儿晴是常有的事情。高海拔的山上面出现了一个非常广阔的小平原，这就是法眼寺所处的位置。再加上前面的无念湖和非常缓坡的后山，形成了这里独特的自然环境。这个环境造成了独特的气候特征，干燥而不像北方那样强烈，凉爽而不靠潮湿来维持。从湿度来说，这个状态非常适合人们的生活需要。所以，在天气炎热的时候，吹在身上的风是凉爽的，风能够把人们身上的汗水带走，让人感觉清爽和凉快。这里不像大多数山里面的凉快是靠潮湿来实现的，那种凉快不能够带走身上的汗水，让人感觉黏在身上难受。即使有风吹来，也是感觉黏糊糊的。当然山下酷暑中的热风那不能算风了，应该叫热浪差不多。所以，在法眼寺的自然环境里面能够让你感受与空调房间里面的不同。这里让人感觉到的是开阔不压抑的清爽，生活中激烈运动汗流浃背后的干爽，太阳下的暴晒酷热和各种阴凉处的凉爽，大面积的山风不停息地吹来滚去的爽快。最最关键的是这里让你感受到了炎热与凉爽的交替，不像空调房子中的一味清凉。炎热与凉爽交替让我们融入自然，身心健康。一味的清凉再加上转换空间的突发温度变化会让我们生病。所以，我们可以在法眼寺的大自然中打坐禅修，而不敢在空调房间里面开着空调禅修。这就是这里的湿度非常适合人类生存的表现，是禅修的最佳地点。

这在冬天储存大白菜的时候我有深刻的体验，因为自己有过在北京冬储大白菜的经历。在北京冬储大白菜会因为环境过分的干燥而在白菜表皮晒干之后，要用被子等厚物盖起来。在法眼寺则不用，只要把大白菜的表皮晒干之后放在那里就可以了。这足以说明这里的湿度情况。这种湿度既能让菜的表面保持干燥，又能使菜的内部保持鲜润。只靠表皮的几层干叶子就可以实现这样的效果实在是太好了。

因为海拔高的原因，这里的紫外线比较强一些。风大的原因也会让我们的皮肤变黑些，相对的干燥使我们每天要多喝一些水，再加上我们寺院的生活规律，所以，来过这里的人都说这里是人类最佳的生活环境。

住庙学子好用功

住在庙里面学习效率没法不高，因为一天到晚你除了学习没有别的事情可做。所以祖师说："不离麻田，不扶自直。"在庙里的这片麻田里，没有其他的东西（事情）可长，大家都在向上争取着自己那点阳光，你想倒下也做不到，因为边上的环境不允许，没有你倒下的空间。

在庙里面，不用想着今天吃什么，也没有你想的份，想了也是白想。住在庙里面，你也不用想着今天做什么，你只管去做，随着大众的步伐走，否则就住不住了。随好众之外，还可以做点自己喜欢的事情，当然这些事情必须是在允许的范围内。

住在庙里面，你没有机会和人闲聊，因为规定不允许串寮聊天。所以，五祖弘忍禅师说："栋梁之材，出于深山老林。"只要你按照寺院的规矩去做，你必然会成才乃至成佛做祖。这讲的是出家人住在庙里面的好处。在家人也是一样，因为在这样的环境中，你会很容易受感染，所谓熏修。所以寺院大多建在深山老林里面，尽量多地与外界隔绝。古代就有学子住在庙里面完成"十年寒窗"的记载。事实上我们法眼寺目前就有很多学子住在庙里面学习，尤其是在寒暑假的时候。

当然，现在众生的福报薄了，手机、电脑、电视往往把你拉回繁杂的世界，失去了深山老林的味道。但是寺院的规矩没有变，只要我们按照寺院的规矩去做，基本上还是能保持深山老林的隔绝。绝大部分初次来寺院的人都有很强烈的感受，他们往往能感觉到寺院的清净。

在这样的环境里面学习，不管是时间、氛围、身心健康都有保证。能跟上大众的步伐，能随好众就保证了最基本的学习任务。剩下的时间干什么？为别人服务是一个出路，自己增加学习内容是另外一个出路，当然无聊的聊天也是一个出路，而对于后者，寺院是严厉禁止的。

到点了你必须起床，即使不参加大众的早晚课诵和打坐，你也必须起床做别的事情。而寺院住的人多，生活非常简朴，没有多少事情可做，大家都在积极努力地去找事情做。因为不做事情就感觉别扭，实在是"混"不下去啊！所以寺院是修福修慧的最佳场所，是出人才的基地。

早起早睡、按时作息、简单饮食的生活习惯，保证了我们的身心健康。各种规矩，保证了我们能够和合地共住在一起，再加上长老的匡扶，我们没有机会出错。很多规矩是大众协商后建立的，充分体现了民主，尤其是生活中的一些小细节，是经过开会讨论的结果，符合大众的习惯。

在这样的环境里面学习、生活和工作，当然效率很高，自己也是深有体会的。无论是看书、写作或禅修，效率都很高，当然这些高效率要在规矩的保障前提下，否则就失去了住庙的意义。有的时候也会不尽如人意，但是，不管别人如何，只要自己守好寺院的规矩，那么，所得到的收获就不会变形。

记得慧通老和尚说："丛林、丛林，就是比谁的道行高，谁的道直。"只有道高、道直才能向上、向善，才能吸收到最多的养分，成就自己、成就他人。因为成就了自己以后，就会影响边上的，熏陶边上的人。反过来，边上的人的成就，也会促进自己的成长，大家比着谁更高、谁更直，从而步入良性循环。

❧ 各取所需法眼寺 ❧

国庆期间前来法眼寺的人真多。好在新的斋堂启用了，很多地方可以打地铺了。最让自己高兴的是，即使这样接待不了的信众，他们也可以住在周边的农家乐，然后前来寺里参加各种活动。更加幸运的是，我们安排了丰富多彩的活动，基本上可以满足各种来人的需求。

在大殿拜万佛忏的人不多，但是有十几个人坚持下来了。经过了解发现居然有人两边拜，也就是说一天拜一千的话，他一天要拜两千下。有过拜忏经验的人就知道他是多厉害了。因为大家集体在拜的时候是很辛苦的，很多人能坚持就不错了，这样双倍辛苦的人实在了不起。

两个禅堂都是满的，只好在人多的时候把方丈室当第三个禅堂开放了。坐香的人是自己最赞叹的，也是功德利益最大的。所以，禅堂是自己一直最注重的地方，要是能去参加禅堂的打坐，其他的事情都可以放到以后再说。这也是法眼寺的家风了，大家在这里一个是打坐，一个是阅藏，其他的事情都是次要的闲事。

最令人高兴的是藏经楼上的"猛驴"禅堂了，一支香三四个小时是家常便饭，夜不倒单的人每天都有好几个。这里可以说是一年多来法眼寺坚持禅修的成果展览了。因为能上到藏经楼打坐的人，基本上都是来法眼寺多次的人，他们在法眼寺禅修非常受益。

上客堂的禅堂一直禅修不断，所以即使是经常来法眼寺打坐的人都说，每一次来这个禅堂都感觉比上一次来的时候氛围好，坐在里面心会很快安静下来。初次来的人更加惊讶了。因为往往在家只能坐半个小时的人，到了这里都能坐到一个半小时，而且坐得非常稳。

禅修是法眼寺的特色，因为其环境特别适合禅修。现在又建了一个条件更好的禅堂院子，可以容纳近百人在里面打坐，而且有暖气。所以今年（2013 年）冬天可以举办冬季禅修寒假营了，方便很多平日没有时间来打坐的人，他们可以利用过年的时间来这里了。

喜欢放生的人，无念湖就是他们最理想的圣地了。因为这里不但环境优美，而且当地人非常安详和谐，我们每个月在这里放生，从来没有遇到过有人来捕捞的事情。而且当我们放生的时候，当地老百姓还会帮助我们做事情，让我们的放生佛事顺利进行。

国庆期间自己在方丈室讲了三次三皈五戒，每次都有二十几个人，这是自己没有预料到的。前来皈依的不但有全国各地的信众，还有外地回乡的当地老百姓，这让自己欣慰不已。因为自己总在说远亲不如近邻，只有得到当地老百姓认可，我们的事业才有希望。

法眼寺的短期出家是一个特色，很多人一来就要求短期出家，自己也都尽力满足他们的愿望。唯一的问题就是要求的人太多，而僧衣不足，大家只好到处借衣服穿了。即使这样，他们还是乐在其中，或在禅堂，或在殿堂，或在拜塔的路上，或在大寮等地方精进努力着。

最有意思的是武汉还来了十几位信众，自己在地藏殿拜地藏忏，当然他们也参加我们的其他活动。但是他们的地藏忏又为我们的法会增添了一个新的内容。在自己看来，他们最最了不起的是坚持，在没有人管理的情况下，自己主动地把地藏忏拜完不是一件容易的事情。

······

还有很多很多精彩！

相得益彰入禅易

简单来说，禅就是心一境性。禅无所不在，自由自在，深刻生动，任运自由……然而现代人的散乱心特别大，就把禅给掩盖了。甚至有的人把自己的散乱当成了禅的自由自在，真的是失之毫厘，谬之千里。如何把我们的散乱心去除，就要靠禅修，如何还给禅修者自由自在，就要靠驱除他们的成见。

自己身边集了一批禅修爱好者，他们各有不同的禅修基础，当然也有没有禅修基础的人。没有禅修基础的人要从头来过，这里就不说了。有禅修基础的人很大一部分是学佛多年的人，他们的特点是凡圣心太强，认为一定要如何如何，一定要怎么样怎么样……成见坚固。

怎么一个坚固法呢？比如很多人上来一定要双盘；比如很多人要一定不能受风，要盖得严严实实；比如很多人要一定不能有任何的声音……甚至对于我们这里的三个简单要求（不缺香、不翻腿子、不在座上睡觉）嗤之以鼻，认为太松散。但是，他们"一定"之后的特点就是不能持久，几支香或者是一两天后就怂下来了。

事实上，这些"一定"就是他们的圣解心太过强烈。因为修行人总想着要成佛，要修行，但不管是学佛也好，成佛也好，这里的"佛"都是圣解。而且他们又是有多年修行经验的人，在圣解上熏修了很长时间。所以，他们有这些"一定"是正常的现象。

但是，佛教的最高境界是平等，是一切人都可以成佛。这样一来，他们的圣解就成了修行的障碍。如何把他们从圣解里面解放出来，这就是最关键的事情。因为这些圣解阻碍了他们的进步。所以，对于这些老修行人来说，自己一直鼓励他们放松，告诉他们这就是真正的放下。

当然对于初学者来说，或者是看了一堆书没有做过功夫的人来说，他们需要的是在禅堂里的实践机会。事实上这些人是最可怜的，因为之前可以说是白用功夫了，至少是事倍功半。如何鼓励他们能在堂内熬得下来这些禅修时间，是他们的第一步功夫。

这实际上也是见山是山，见水是水的修行过程。没有功夫的人或者说是没有做过功夫的人，他们一上来是见山是山，见水是水。这时候要告诉他们，所见是错的，要放下这些成见。他们所见的山不是山，水不是水，要他们颠覆自己的观念。而对于已经处于见山不是山，见水不是水的修行人来说，就要慢慢引导他们回归本原。要他们慢慢开始修到见山还是山，见水还是水的地步。因为这就是他们修行的成见，不放下这些成见，是不可能进步的。这就需要给他们一个自由自在的空间，要他放下圣解的成见。

所以，如何匡扶修行人，不让任何人倒下是非常困难的。因为完全严格就把老修行人压死了，没有一点的活力，走不出见山不是山，见水不是水的境界；如果完全放松，那就又把初学者给忽略了，让他们以为一味地放任自由就是禅，等面临境界的时候该骂我们了。

所以，采取"混"的办法是最好的了，一天九支香，做到不缺香，不翻腿子，不在座上睡觉。所谓的能"混"下来的基本都是老修行了。对于这些人放任自由，帮助他们走出圣解的束缚；而对"混"不下来的人，则帮助他们走上做功夫的路，将来坚持下去，会慢慢步入见山不是山，见水不是水的境界。

所以，自己常常把"混"字挂在嘴边。虽然一个"混"字，好像与修行无关，但是，自己提出的"混"不是消极的"混"，而是非常积极的"混"。在自己身边，一旦发现消极"混"的人，会马上去鞭策他，问他来这山上这么辛苦是为了什么？如果再不相应的话，基本上也就被自己请下山去了。所以，真想在法眼寺"混"的人是住不住的。因为这里都是勤劳努力的人，都是无须扬鞭自奋蹄的人。

❧ 专注做事少成见 ❧

我们的智慧常常是被成见给障碍了。要想开发智慧就要想办法去掉成见。比如通过让自己忙起来，没有时间关注到成见的问题；比如让自己专注起来，成见没有机会现形等办法消除我们的成见，以达到开发智慧的目的。这样慢慢地日积月累，我们的成见就会一点一点减少，做事情就会事半功倍，修行就容易上路。最后当我们明白了这些修行的道理，或者叫开大悟，或者叫开智慧之后，我们就能彻底消除成见。这就是佛教中修行的办法，也是我们在寺院里常常能见到的修行法门。

比如在寺院我们常常说一句话叫作：般般如意，样样现成。这样做功夫才不会动念头。尤其是打七的时候，为了不让师父们起心动念，常住更是万事小心筹办，为的就是让来参加禅七的人感觉般般如意，样样现成，希望他们安心打七不要动念头。

常常做功夫的人定力强，不容易起心动念。同样的环境，他们不会动念头，成见现形的机会少，因为他们忙着做功夫没有时间关注成见的问题，所以就不容易起心动念，就会感觉事事顺心，处处如意，一切都正好；而没有功夫或功夫差的人，因为心比较散乱，成见现形的机会多。功夫做不起来，就有了更多的时间和精力去分别计较，去让成见发挥作用，所以对于同样的情景就会有相反的结果。即使是在同一个寺院，因为功夫差别不同，对于同样的环境，会有千差万别的意见。

所以在现实生活中，不管是寺院还是社会上，很多人总是感觉自己不如意，看这个不惯，看那个不顺眼……一天到晚烦恼不断，没有一件事情是让自己如意的事情，没有一个人是自己看得惯的人。

而定力比较强的人，往往是干什么都很顺利，感觉事事顺心，样样如意，每一个人都是好人。这就是因为成见是否现形而产生的不同结果。因为他在做功夫或者是专注力比较强，没有时间和机会去感觉差别，所以，就容易感觉事事如意，处处顺心。

因为做功夫就是要消除成见，消除二元分别之心。所以成见就少，对于同样的处境会有完全不同的感受。随着功夫越深入，分别心就越小。环境不是不知道，而是不在意了。

所以，在祖师的公案里就有"向无寒暑处去"之说。这个公案是这样的，有人问洞山良价禅师说："寒暑到来，如何回避？"洞山良价禅师说："何不向无寒暑处去？"这个人接着问："如何是无寒暑处？"洞山良价禅师说："寒时寒杀阇黎，热时热杀阇黎。"

-❀ 忘形灭迹息影塔 ❀-

自古以来，佛教就有"灰身泯智""忘形灭迹"之说，因为佛教是要求我们用戒、定、慧的修行工具来息灭贪、嗔、痴的烦恼。比如香严禅师说："一击忘所知，更不假修持。动容扬古路，不堕悄然机。处处无踪迹，声色外威仪。诸方达道者，咸言上上机。"其中"处处无踪迹"，就是生死烦恼的踪迹没有了。哪里去了？被功夫夺去了，被功夫不理睬了，能够自己做主了。这样你就掌握了生死，不被生死烦恼所转了。再比如洞山良价禅师的偈子："学者恒沙无一悟，过在寻他舌头路。欲得忘形泯踪迹，努力殷勤空里步。"憨山大师的偈子："依岩结构草为庵，乍可容身止一龛。但得心源归湛寂，任从世事付痴憨。三竿日上还高卧，丈室云封不放参。佛祖直教踪迹断，何须前后列三三。"等等，全是要我们忘形灭迹。法眼寺的开山祖师无念禅师入灭的塔就叫"息影塔"。这"息影塔"三个字真正把佛教要求我们的用戒、定、慧来息灭贪、嗔、痴的修行表达得淋漓尽致。

要想达到这样的境界，首先我们要有一定的功夫。佛佛祖祖们做到了，无念祖师也做到了，而且还给我们后人指引了一个非常好的用功方式。在法眼寺的无念深有祖师开示录里是"白棒藤条明见性，萝卜白菜悟真经"。当然还有很多很多的所谓八万四千法门。

"如何用功？"——这是个被经常问及的问题。数息、看话头、起疑情，等等，用功的方法，书上说的多了去了，只要看书照着去做就是了。不知是懒得看书还是其他原因，这个问题总是被问来问去。被逼不过，只好把自己所知的一点皮毛说出来。虽然知道一开口就是错，但既然是有人问，就不惜眉毛说说。我们为什么要用功、要修行——为了断烦恼，了生死！生死烦恼是什么？就是我们无穷无尽的无明妄想执着。我们要断掉它！怎么断？用功！用功的方法很多，我现在用的是参"念佛是谁"这一种。

具体说来，比如我现在生起了一个"我想吃花生"的念头，因为现在知道怎么用功，所以马上就会不去想它，不管它；如果念头太强烈，我就想一下"念佛是谁"就好了，这就断掉了"我想吃花生"的这个生死烦恼。如果不是这样，而是接着想吃五香的还是油炸的，去哪里买，怎么得到，等等，那就是堕入"我想吃花生"这个生死烦恼了。

这也就是说，所有问题来的时候，马上想到自己的功夫（或者说自己对治生死烦恼的方法），这样你就能够断掉生死烦恼，从而脱出生死烦恼了，所以这里一定要注意断掉。在无明妄想执着的念头一生起来的时候，马上就能觉悟到，并且应用自己的用功方法断掉它，这就是我们用功所要达到的目的。

禅宗教我们用功的方法最殊胜，而看话头的方法尤其实际。因为当无明妄想执着的念头生起来后再去断那已经是晚了。而看话头就让你守住无明妄想执着还没有生起来的时候。一旦生起后又被断掉，不再去追究。这样就能保证我们不被念头拉跑，以最快的速度了生脱死。

现在我们的根性又差了些，又有了用起疑情的方法，让我们盯住这个疑情达到同样的目的。当然这只是禅宗的方法，还有很多其他的方法也是很好的。所谓众生八万四千烦恼，佛陀说八万四千法门解救我们。

其他的生死烦恼也是一样，只要不去跟着它跑，它有千般伎俩，我有一法不理，一心只是用功夫，那么你就战胜了这些生死烦恼。这里举的烦恼的例子比较简单，容易克服。但无论是容易克服的还是难以克服的，一切的生死烦恼是一样的，其用功的道理也是一样的，关键是自己的觉悟能力有多强。觉悟能力的强化通过努力用功是可以实现的。

-❈ 禅修培养新人才 ❈-

法眼寺的禅堂真的很锻炼人。今年（2013年）禅堂里面来了两个非常特殊的人才。他们的特点是没有什么文化知识，也没有什么佛学基础。但是他们通过两三个月的打坐改变了自己的心态和日常行为（与佛教的道共戒不谋而合了），甚至连身体的外形也改变了。他们的共同特点是非常吃苦耐劳，每天九支香坚持不懈。他们腿子疼能忍得过去，再疼也不动的表现实在令人敬佩。自己在座上看到他们忍受疼痛的样子，心里面就不自觉地为他们念药师咒，祈祷他们不要受这么严酷的疼痛。下来之后也一再地教他们如何才能最少地发生疼痛。

当然，专注地做功夫是唯一减少疼痛的办法。但是一开始谁又能在疼痛面前专注起来呢？自己当年不也是疼得死去活来吗？下不了座是常常有的事情。所以，自己除了安慰和传授一些小技巧之外实在是无能为力，只能为他们默默祈祷，希望他们减少疼痛。

两三个月之后，他们的功夫突飞猛进。虽然疼痛依旧，但是他们已经学会了如何去忍耐这些疼痛。他们不再是一筹莫展，而是勇敢面对，专注用功去对付这些疼痛了。所以，他们是一点点地放下了，或者说是一点点死心塌地了。

这些放下和死心塌地，表现在日常生活里面，就是一切都慢慢地去接受了；人我是非减少得基本没有了；面对事物的二元对立分别心小了；喜欢为大众服务了；心态明显变柔软了；不再表现为固执己见的刚强性格了……这些转变来自于他们平时在座上克服腿子疼的经验。

因为腿子疼的第一原因就是对抗，如果不对抗了，那么腿子也就不会那么疼了。如何去放下，如何去不对抗，如何死心塌地，这是克服腿子疼的关键。他们在这一方面有了几个月的现身说法和深刻体会。这些现身说法和深刻体会带到日常的生活中，就表现为身心的柔软。

身心的柔软会直接影响到面相上来。因为相由心生，面相是由心态决定的，有什么样的心情就会有什么样的面相。好的心情就会有好的面相，坏的心情就会有坏的面相，柔软的心情就会有和蔼安详的面相。所以，他们随着心态的柔软，除了日常生活中行为改变之外，面相也开始变成安详平和了。当然因为禅修使之红光满面之外，面目变得慈祥和蔼也是必然的。自己的感觉是他们连说话的语气也改变了，说话的时候变得不急不躁了。

尤其是有一个人原来面相比较奇特，五官在面部的分布有一些不合比例。但是在打坐了两个月之后，面相开始调和了，不再那么不合比例了。尤其是在红光满面的前提下，我们一改原来怕看他的心态，变成接受和喜欢了。因为这个时候的他感觉是个和蔼可亲的人了。

当然法眼寺的禅堂除了这两个比较特别的人才之外，还有很多人在其中受益。因为大家一天到晚九支香地坐，自然会有很大的收获。原来功夫好的人更上一层楼那是必然的。他们的特点是精力越来越旺盛，把身边的人感动得接受和开始信佛了。因为他们切身的受益，把原来处于信心动摇的人带动了，真的是"应现色身，演扬妙法"，把自己学佛和打坐后的成绩表现给身边的亲人，让他们也体会到了其中的好处，走上学佛打坐的道路。

-❀ 禅修供养利无边 ❀-

今天（2013 年 3 月 26 日）是武汉楞严道场的方便禅七圆满，自己有幸被邀请来参加禅七，也做了一些方便的开示。道场的负责人请求自己做个解七开示，自己实在是不愿意说"解七"两个字，也实在不知道该讲些什么。早课香前再次被请求讲几句话，实在熬不过负责人的热情，只好答应了。

所以，早课香成了自己的妄想香。"解七"这两个字是绝对不会开口说出来的。所以就在想这几天禅七的功德在哪里？这几天的禅七意义在哪里？这几天大家的辛苦是为什么？这几天道场的工作人员忙里忙外是为什么？这几天道场得到诸佛菩萨的加持乃至兴盛是为什么？

在座上，自己突然冒出一个念头，想到了《普贤菩萨行愿品》里面讲："诸供养中，法供养最。"而无声的禅修说法则是最究竟的说法。佛教历史上有所谓的"释迦掩室于摩竭""净名杜口于毗耶"和"须菩提唱无说以显道，释梵绝听而雨华"的最究竟无声说法。

"释迦掩室于摩竭"是说释迦佛在摩竭提国开悟后，觉得自己所悟无法说，他的境界无法用语言向我们这些凡夫众生表达，更无法让我们接受他的教诲。所以三七日中掩室不作声，想直接入涅槃。后来因为帝释的请求才出来弘扬一大藏教，广度我们这些愚顽众生。

"净名杜口于毗耶"是来自《维摩诘所说经》。维摩诘居士在毗耶离城示现生病而引发三十二位菩萨各说不二法门。在三十二位大菩萨各自讲完自己对不二法门的精彩见解后，轮到维摩诘居士讲。结果维摩诘居士默然，文殊菩萨赞叹："善哉！善哉！乃至无有文字语言，是真入不二法门。"

"须菩提唱无说以显道，释梵绝听而雨华"的公案是须菩提岩中宴坐，诸天雨华赞叹。须菩提说："空中雨华赞叹，是何人？"释梵说："我是梵天。"须菩提说："汝云何赞叹？"释梵说："我重尊者善说般若波罗蜜多。"须菩提说："我于般若未曾说一字，汝云何赞叹？"释梵说："尊者无说，我乃无闻。无说无闻是真说般若波罗蜜多。"然后又动地雨华。

我们禅修就是最究竟的无声说法，这些无声的说法供养自然彻底清净。所以，禅修的供养是最圆满的供养了。这样一来我们就知道了为什么常常说"若人静坐一须臾，胜造恒沙七宝塔"的原因。因为这样圆满的供养自然功德无边无际，不是我们可以用算数乃至比喻所能说清楚的。只是我们修禅的人往往不去想这些供养的问题，所以，就忽略了禅修供养的功德。因为禅修是要摈除一切杂念妄想，是要让我们放下这一切的二元对立。如果执着于这些供养功德，禅修就无法继续下去，但这并不是说这些供养功德就不存在了。所以从表面来看，禅修会给人带来很多的好处。

那么我们这几天的禅修功德就得到了落实。因为这几天接待了几百人次的打坐禅修，每天禅修十支香，供养了无边无际的诸佛菩萨和一切圣贤。这样的意义不可思议，这样的功德是算不完的。一切我们看得见和看不见的受益者，对于他们的帮助是不可思议的。

所以道场因此而成就，大众的功德得于圆满。因此这几天禅七的功德在哪里就明白了，这几天禅七的意义在哪里就明白了，这几天大家的辛苦是为什么就明白了，这几天道场的工作人员忙里忙外是为什么就明白了，这几天道场得到诸佛菩萨的加持乃至兴盛是为什么就明白了，这几天大家所得到的利益也就明白了。

......

这样的供养怎么能结束呢？这样的供养要一直延续下去！所以，自己建议他们把这样的禅修延续下去，就像法眼寺的禅修一样坚持下来，不解七。要像将要建设的网络禅堂一样把禅修遍及世界各地，并且长久坚持，永不停息。

当然针对这里道场的特点，可以把时间进行一些调整。比如可以在每周五的晚上开始禅修，在每周一的早上开始休息。这样就非常适合在城市上班的禅修人员，同时减轻道场工作人员的工作量。这样就能够把都市的禅修延续下去，让道场帮助更多的人，做到最大的供养。

说千道万不如坐

自己喜欢打坐影响了一些人，他们与自己有一个共同的特点与共识，那就是说千道万不如坐。这是一个很好的现象，说明大家对佛法已经了解，明白佛陀想要告诉我们该做什么，不该做什么。所谓："得意即忘言，一言亦不用。"

这样一来，剩下的就是做自己的功夫了。大家抓紧时间来做功夫，不再把时间浪费在嘴巴上面，不再把时间浪费在争论上面。这是非常非常难得的事情，因为很多人（即使是学佛多年的人）都喜欢攀缘，喜欢向外追逐，很难脱开在嘴皮子上做功夫的习惯。

学佛就是要逆向前进，把我们喜欢攀缘的心、喜欢向外追逐的心转变过来。由向外追逐变为向内心追求。因为向外追逐的目标是永远不可能实现的，是最终要失望的。只有改变这样的习惯，才能实现自己的愿望。

我们困苦的原因直接来自于我们的所求不如愿，因为我们想要改变生活，因为我们想要改变环境，因为我们想要改变世界……而我们所做的却总在思想层面，不去落实，那么这个"我们想要……"是永远做不到，也是永远不能满足愿望的。

这在生活中经常能看到。比如家庭里妻子想要老公改变，老公想要妻子改变。妻子希望老公是龙是王，而又不想努力去配合龙或者王的行愿，你的老公怎么能成龙成王呢？同样老公希望妻子如何如何，而又不去努力配合，那么也一样是梦幻一场。有的人偶尔一两下可能会做到，时间一长就原形毕露。

所以，我们一切事情要付诸实施，所谓的把握当下。对于我们佛弟子来说，明白了道理以后，就从念佛、打坐开始。远离攀缘、远离争论，安下心来做我们的功夫。

这几天北京的韦老师这个道场就很有实效。少说多坐，把我们知道的付诸行动，从当下做起。其实他们这个地方的这种修行方式是有传统的，已经实施有段时间了。记得去年（2009年）自己到他们这个地方去，就曾经写过一篇日记"没有问题就止静"。因为自己就喜欢少说多坐，没有学佛上的问题或者说是没有做功夫上的问题的话，我们就开始打坐用功。现在他们搬了新家，地方稍微大了一点，条件也稍微好了一点。所以，自己就建议他们每周最少实施一次一日七或者三日七。这也和韦老师他们几个骨干的想法吻合了，他们也正准备这样做。因为新的地方可以容纳十个人左右在里面过夜，有条件实行每天九支以上的坐香了。

所以，今年自己不准备也不再敢请他们的人来寺里打七了。因为他们一方面是自己有条件了，没有必要千山万水地乱跑，可以省下很多的时间和精力；另一方面因为他们的功夫必然会有一个大的飞跃，再去一般的禅堂进步不一定会很大。倒是自己应该看看有没有机会到他们那里去参加禅七，人数不要很多，十个八个平常坐得住的人一起坐坐长香一定很过瘾。当然这是一个很奢侈的想法，因为自己是漂泊不定的人，有没有时间很难说，而这十个八个人有没有时间也同样是个问题。不过自己会留心此事，甚至会去设计新的打七时间表。总有一天会实施的。因为自己一直有个打千日七的念头，尽管知道难以实现，但不去努力就根本不可能实现，真的是说千道万不如去"坐"。在韦老师这里参加几个禅七，毕竟比这千日七要来得简单一些。所以很希望这个道场快快成长壮大，希望早日有更多人"命好"——想禅修就有机会，希望韦老师早点把平时的禅七组织起来，希望自己早日有机会去……我想这些希望不会落空，只要大家努力去做，一定会实现的。

这种小道场的模式，是一个很好的在家居士修行的例子，是一个培养禅修人员的好场所，也一定会从这样的场所里出来很多的解脱者。

起灭心死方做主

我们的心念时时刻刻在生起又冥灭，就和我们的生死一样在不断地轮回着。这些念头在不断地生灭，在生灭的过程中又在不断地造业，在造业的过程中感受痛苦与快乐，在不同的感受中起了贪、嗔、痴，随着这些贪、嗔、痴流转不息，被这些贪、嗔、痴牵着鼻子转，直到自己不能做自己的主人。

当下的每一个念头，组成了我们的生命。生命的过程就是这些个当下一个一个念头的组成。所以，如何把握好这一个接着一个的念头，就是我们修行做功夫的目的；如何不让这些念头生起贪、嗔、痴，或者叫管好这一个接一个的念头，就是我们的修行。

能够让这些念头都不是贪、嗔、痴，我们就是圣人。可惜，我们是凡夫。凡夫在这些一个接着一个的念头前，别说是念念都远离贪、嗔、痴了，就是起了贪、嗔、痴的念头，往往自己还不知道。所以，我们就需要修行。

修行就从这当下一念开始，让它乖乖听话，不出差错。如何做呢？这就需要一个办法。诸佛菩萨、历代祖师给了我们八万四千个法门，现在以参禅用功这一办法为最殊胜。

管好这一个一个的念头，不让它们出差错，乖乖听话，就能把握我们的生命。这就是所谓的做功夫。这看起来很简单，可是我们是做不到的，我们往往是念头开小差，跑去贪、嗔、痴了，自己还不知道，还以为自己的念头很乖，没有出错。这是因为我们这样开小差早已成为习惯，是个"累犯"。

诸佛菩萨、历代祖师给我们提供了 N 多做功夫的招数，或者数呼吸，或者持咒，或者念洪名（佛号），或者参话头，或者看话头……让我们制心于这功夫一处，然后把功夫做到每一个当下的这个念头上。这样我们的一个接着一个的念头就被这些功夫占据，念头就没有机会去贪、嗔、痴了。

尽管有了这些用功方法，可是因为功夫很生，我们的念头还是不断地开小差去贪、嗔、痴。所以，做功夫是一个长期的过程。我们要靠这个长期的过程来养成新的"习惯"（当然这个习惯也是妄想，也是一种开小差），让我们当这种新习惯的"累犯"。

这就是祖师说的，我们要让贪、嗔、痴这个习惯，由熟处转生；让功夫这个新习惯由生处转熟。这样，功夫就会慢慢入门，慢慢离开贪、嗔、痴。我们就能借助功夫这个新习惯，改变我们的一个接着一个的念头，直至改变生命。

所以，很多人直接把念头等同于生死，就是这个道理。我们参禅做功夫，先是训练不要被贪、嗔、痴的念头所牵引去造业，要能够做自己的主人。在做不到的时候，就找一根救命稻草（功夫），将每一个念头紧紧依附在这根救命稻草上。用尽种种的办法，比如守一不移、制心一处、如猫扑鼠……慢慢地就"由熟处转生""由生处转熟"了。

我们的念头有五种：故起念、串习念、接续念、别生念、即静念。我自己在用功中总结了一个"故起念当除、串习念当断、接续念当止、别生念当提、即静念当守"的经验。在以前的日记"除断止提守念头"有很详细的描述。

用除、断、止、提、守的办法，对付这五种念头，能得到很好的效果。做功夫的时候，相对就容易地守一不移、制心一处、如猫扑鼠……了。能够让我们早点脱离"坏"习惯，早日养成新的"好"习惯。

但是，新的习惯只是一种"好"的习惯，不是究竟的。我们这样辛苦地修行下来只是从"坏"习惯慢慢转变成所谓的"好"习惯，并没有达到诸佛菩萨、历代祖师的境界。所以还要继续用功，这就要从念头的起灭上去做功夫了，当然不是要让念头停下来，而是要在念头生起的时候不去追逐。

我们知道，要想让念头停下来是不可能的。即使是我们的色身坏掉了（世间叫死了）念头也停不下来。我们对付这些一个接着一个的念头，唯一的办法就是不去追逐它。死掉去关心这些念头的念头（心），这就是"起灭心死方做得主人"的道理。

好在我们有修行新习惯的经验，知道如何去培养新习惯。

在此基础上，慢慢摆脱这些旧的和新的习惯，习惯于不去追逐念头。久而久之这种追逐的习惯就淡化了（心一点一点地死掉），最终这些习惯会慢慢没有了。

这个时候我们的念头就是兴国军智通大死翁景深禅师说的："来不入门去不出户""古路苔封羚羊绝迹""苍梧月锁丹凤不栖"了，我们就能"藏身处没踪迹、没踪迹处莫藏身"了。因为我们追逐念头的心没有了，实现了祖师们所说的起灭心死了，或者叫作前后念断了（就像念头停了，但是实际上没有停）。这才是诸佛菩萨、历代祖师的境界。能做到这样，我们就能与诸佛菩萨、历代祖师同一鼻孔出气，真正地与诸佛菩萨、历代祖师同行了。下面我们看看兴国军智通大死翁景深禅师的事迹，看他是如何做到并教导我们的。

兴国军智通大死翁景深禅师。台州王氏子。自幼不群。年十八依广度院德芝披剃。始谒净慈象禅师。一日闻象曰思而知虑而解。皆鬼家活计兴不自遏。遂往宝峰求入室。峰曰。直须断起灭念。向空劫以前扫除玄路。不涉正偏尽却今时。全身放下放尽还放方有自由分。师闻顿领厥旨。峰击鼓告众曰。深得阐提大死之道。后学宜依之。因号大死翁。建炎改元开法智通。上堂。来不入门去不出户。来去无痕如何提唱。直得古路苔封羚羊绝迹。苍梧月锁丹凤不栖。所以道。藏身处没踪迹。没踪迹处莫藏身。若能如是。去住无依了无向背。还委悉么。而今分散如云鹤。尔我相忘触处玄。僧问。如何是正中偏。师曰。黑面老婆披白练。曰如何是偏中正。师曰。白头翁子着皂衫。曰如何是正中来。师曰。屎里翻筋斗。曰如何是兼中至。师曰。雪刃笼身不自伤。曰如何是兼中到。师曰。昆仑夜里行。曰向上还有事也无。师曰。捉得乌龟唤作鳖。曰乞师再垂方便。师曰。入山逢虎卧。出谷鬼来牵。曰何得干戈相待。师曰。三两线一斤麻。绍兴初归住宝藏岩。以事民其服。壬申二月示微恙乃曰。世缘尽矣。三月十三为众小参。仍说偈曰。不用剃头。何须澡浴。一堆红焰。千足万足。虽然如是。且道向上还有事也无。遂敛目而逝。

-❊ 世人爱处我不爱 ❊-

出家人的想法常常与世人相悖。这是因为出家人学佛之后，知道一切要向内心，向自己去追求，不能向外去追求。而世间的人正好相反，一切是向外去追求，很少人会向内去追求的。所以，出家人就会快乐些，尤其是解脱了的人，他们是彻底快乐了。而世间的人尽管表面上风风光光，但往往烦恼不断。这是二者追求方向不同的结果。所以，当我们发现出家人与在家人在追求的东西上有很多不同的时候，不要觉得奇怪。

世人的追求离不开五欲，所谓财、色、名、食、睡。世间还有一句很流行的话叫"人为财死，鸟为食亡"。可见世人为了这个五欲是愿意花掉自己的生命的。其实我们详细看看这五欲，哪一件是我们值得追求的？就算眼前追求到了，当生命没有了的时候，哪一个能帮得上你的忙？

这还是在假设你能追求到的份上。还有多少人追求不到呢？还有多少人不满足呢？还有多少人在追求的过程中就失去生命了呢？还有多少人因为追求这些而失去很多很多其他的东西呢？还有多少人因为追求这些而铤而走险呢？

所以，这个五欲实在不值得去追求。且不说追求这五欲的痛苦，就算是侥幸被你得到了，又能怎么样？生不带来，死不带去的东西。当然，就目前来说，我们还没有解脱，我们还离不开这五欲。那么我们就应该随顺世缘，看透五欲，做五欲的主人，而不是做五欲的奴隶。

记得在少林寺打七时，慧通老和尚给我们开示说："世人的五欲有什么好的，哪能比得上我们打坐。双腿一盘，两眼一闭，舒服你不知道。"现在自己是亲身体会到了这种快乐，一切五欲都不能带来这样的快乐。而这种快乐是取之不尽、用之不竭的，当然是五欲不能比拟的。

所以，很多解脱了的出家人自己一个人住到山里面去了，绝大部分则住在丛林（寺院）里面，过着所谓"林下相逢只谈因果，山中作伴莫负烟霞"的日子。这种日子在世人眼里是非常悲惨的，因为没有名利可追，没有财富可求，而出家人则乐在其中，号称"衲被蒙头万事休"。

记得洞山良价禅师的《辞北堂书》里写道："不求名利不求儒，但乐空门舍俗途……"可见我们出家人是很向往这种"衲被蒙头万事休"的生活的。只是世间的人难以理解，往往还冠以"遁入空门""跳出红尘"，等等字样，认为这些出家人真是"楳"（mei 音同梅）到家了。所以，眼下只能是各自寻找自己的乐子去吧。

等撞上了南墙，见到了老、病、死，有智慧的人才会发现自己走了弯路。发现自己才是"楳"人，求个"衲被蒙头万事休"都不得。回过头来跟出家人学参禅，了生死。真是应了世间人说的"得意学儒，失意学道，绝望学佛"了。但不管如何，出家人还是慈悲，禅门什么时候都是大开着迎接四方众生的。

因此，有很多人走上了世人爱处我不爱的禅修之路。这条路正好与世人走的路相反，要大家回光返照，要大家向自己的内心去求。我们所爱的是自己家里面的如意宝珠，我们要开发的是这颗人人具有的无价之宝。

禅修或者说是修行就是跟自己过不去，就是要找到自己的毛病，然后向这些毛病"炚"（yin 音同银）去。这当然是个痛苦的过程，没有"绝望"的人可能会很难接受。可是，这个过程是无法回避的，或者说这个痛苦的过程是没有办法避免的。

佛教的其他法门我不是很清楚，但禅宗这一法还真就是要你绝望一次，要是不绝望是不可能成就的。所谓的"撒手脱樊笼"就是要你在悬崖前撒手，逼死自己的偷心。否则总是在情解上做功夫，不能直透自己的心源。因为只有通过了大死大活的人，才有机会亲身体会到佛陀教诲。要不然都是在口头上或叫情解上做功夫，一切脱离不了自己的思想分别，所谓的"在鼓动两片皮"。到了临命终的时候，甚至是在苦难来临的时候，就把佛陀的教诲全给忘记了。学到这些字面上的东西全不管用，真的是所谓"为人数钞票，自无半分钱"。有的甚至还会因此而怀疑佛陀所说是否真实，再加上看到一些没有解脱的出家人的行为，比如佛陀骂的"说在空中，行在有中"这样的人，他们就会更加怀疑，出家人（在他们眼里，出家人是专业学佛的）都这样，佛陀所说的好处出家人都得不到。那么，在家人是不是被骗了呢？

这种情况在现实生活中见到很多很多。所以，我们出家人不用管那么多，先管好自己的解脱，去真正体会"世人爱处我不爱"的境界，用行为表现出来。只要我们真的得到了解脱，这些快乐是会从我们的言行举止中透露出来的。

憨山大师有个偈子："依岩结构草为庵，乍可容身止一龛。但得心源归湛寂，任从世事付痴憨。三竿日上还高卧，丈室云封不放参。佛祖直教踪迹断，何须前后列三三。"这样的境界，才是我们出家人"世人爱处我不爱"心情真正的表现。

最后我们看看《石头和尚草庵歌》中石头和尚是如何表达自己的"世人爱处我不爱"的。

吾结草庵无宝贝。饭了从容图睡快。成时初见茅草新。破后还将茅草盖。住庵人。镇常在。不属中间与内外。世人住处我不住。世人爱处我不爱。庵虽小。含法界。方丈老人相体解。上乘菩萨信无疑。中下闻之必生怪。问此庵。坏不坏。坏与不坏主元在。不居南北与东西。基上坚牢以为最。青松下。明窗内。玉殿朱楼未为对。衲被蒙头万事休。此时山僧都不会。住此庵。休作解。谁夸铺席图人买。回光返照便归来。廓达灵根非向背。遇祖师。亲训诲。结草为庵莫生退。百年抛却在纵横。摆手便行且无罪。千种言。万般解。只要教君长不昧。欲识庵中不死人。岂离而今遮皮袋。

❧ 尽量不杀做佛事 ❧

这几天老是有人问小虫子或者叫害虫要如何处理。的确刚学佛的人，尤其是刚受完戒的人想好好护持自己的戒律。面对这些小生命时都希望它们不要被杀死，或者说不要被自己杀死。否则不但对自己的慈悲心是个考验，对于小生命来说不公平，对于戒律来说更是可怕。所以面对这些问题的时候，就束手无策了。

在我们生活中，会碰到很多这样的事情。或者是因工作而杀，或者因随顺众生而杀，或者因自己的生命而杀，或者为家人而杀……会有很多的原因，需要自己亲手或者让身边的人杀死很多的小生命。遇到这种不愿意做，甚至做了会犯戒，但又不得不做的事情，要怎么办呢？

说实在的，自己也很不愿意说"杀"字，所以只好找来一堆的比喻。我们常常会听到这个偈子："佛观一钵水，八万四千虫，若不持此咒，如食众生肉。唵缚悉波罗摩尼莎诃。"也就是说，我们喝口水，就要杀死这么多的众生，那你喝不喝呢？在佛陀时代，就有人不喝而死。

这就是很多跟随佛陀身边，得到阿罗汉果位的弟子。他们因为修得天眼通后，亲眼看到了水中的生命，所以他们宁愿自己渴死也不喝水了。因此，佛陀就制定了一条戒律，让所有得天眼通的弟子喝水的时候，不准用天眼来看，同时告诉众弟子，喝水的时候要持"唵缚悉波罗摩尼莎诃"这个咒子。

这个咒子的作用，我们可以想象得出来，它有很多的功德。自己发现这里面有一个功德很多人没注意到，那就是我们在喝水的时候要生起惭愧心，要知道这一口能让我们生命延续下去的水，是很多众生用它们的生命换来的，我们要知道惭愧，要知道喝了这口水后该做什么，该怎么做。同时，还要知道如何去喝这口水。通过念"唵缚悉波罗摩尼莎诃"来忏悔我们的业障，消除我们的罪业；通过念"唵缚悉波罗摩尼莎诃"来告诉将为此失去生命的众生不要生嗔恨心；通过念"唵缚悉波罗摩尼莎诃"来超度这些失去生命的众生；通过念"唵缚悉波罗摩尼莎诃"来做佛事……

我想说到这里，大家应该知道如何去处理这些困惑了。我们为了随顺众生而杀众生，不能没有惭愧心；我们为了工作或者生活而杀众生，不能没有惭愧心……我们活着也是一种缘，这个缘是以其他很多众生的生命做代价的。所以，我们要发起惭愧心，同时把这个杀生的过程变成做佛事，希望死者往生善处，生者得道增福，这样才能免去我们所造的杀生罪业。

所以，古代的永明延寿禅师有一个很特别的举动，那就是不食“锄下菜”。“锄下菜”就是我们通过锄头种的菜，这一锄头下去要死多少生命？所以佛陀为我们比丘设了很多有关这方面的戒律。但是因为环境等原因，现在的比丘无法执行，所以就通过羯摩做了开遮，当然还有很多方式让我们比丘能够既产生惭愧心又能轻松做事情。

诸佛菩萨求必应

这几天很多人在争论烧香拜佛的必要性，很多人认为烧香拜佛是一种迷信，是浪费资源，污染环境，是引发功利心的一种行为，实在不应提倡。尤其是在很多的旅游景点，他们为了让游客烧高香，不惜坑蒙拐骗地谋利，实在应该禁止。正是在这样的环境下，引发了烧香拜佛是否有用的争论。

同样，在寺院也经常看到很多人烧香拜佛的时候，显现出贪婪的样子，不少人对此很反感或者不以为然。自己一开始也常常看不起他们，觉得他们好没骨气，好没出息，临时抱佛脚又能有什么结果呢？甚至会听到人们议论说，这样怕死的人有什么意义？这样贪婪要是能有结果，菩萨岂不是瞎了眼……现在，住庙时间长了，对这样的现象看多了，也就不再奇怪了。更重要的是，自己的见地摆正确了，不再认为这些人没救了。反而觉得他们很可怜，会有求必应的。诸佛菩萨们一定能帮助他们，一定能满他们的愿。因为他们实在太需要帮助了，而且也只有诸佛菩萨能帮得上他们。

这个态度的转变，是因为自己现在觉得众生可怜，一切众生都是很好的。他们只是因为迷惑，做了很多贪、嗔、痴的事情，使得自己堕入痛苦的深渊。现在需要诸佛菩萨来帮助，慈悲的诸佛菩萨一定能拉他们一把，使他们改过向善，回到觉悟的状态。何况是能来庙里给诸佛菩萨烧香的人，何况是能来庙里面与诸佛菩萨结缘的人，何况是向诸佛菩萨敬礼的人，何况是对诸佛菩萨跪拜的人，何况是抱着诸佛菩萨的脚求愿的人……这些人一定都有的救，一定都能满愿。只要他们这种精进的心不变，他们不但能成办所愿，还能最终成佛。

很多经上有说，礼佛一拜，罪灭河沙，他们发起的这种向佛之心就是向善、向上之心。只有发起这种心，才有机会修正错误，然后再去帮助别人，从而步入良性循环。所以，这向善、向上的第一步是非常可贵的。我们怎么可以看不起人家呢？

佛教的宣传本来就是"先以欲勾牵，后令入佛智"的。他们现在遇到困难（或者是喜欢佛，那就更难得）自己主动进入佛门，诸佛菩萨怎么会看不起他们呢？怎么会有求不应呢？所以，这个时候诸佛菩萨必然是有求必应的，在他们得到诸佛菩萨的帮助之后，很多人会因此而步入学习佛法的智慧之路。这实际上也是一种初发心，只要能保持这种初发心不变，他们就能成办一切。可惜的是，这样的初发心一般保持不长，大多数的人是好了伤疤忘了疼，一旦自己的境遇好了以后，就把这些初发心给忘记了。不光他们是这样，就是我们这些学佛很久，甚至出家的人也常常如此。但是，不管如何，只要他们来求，诸佛菩萨必然有求必应！

所以，不要轻视这些求佛的人，所谓"汝等皆当做佛，吾不敢轻于汝等"。不但如此，还要进一步向他们宣传佛法的智慧，那么你就是在扮演诸佛菩萨的角色了。所以，《华严经》说："当令诸佛喜，当令菩萨喜，当令众生喜，当成此欢喜。"

当然，对烧香的大小和多少是需要斟酌的。如果烧香变成了放火，那就适得其反了。从这点来看，管理人员应该努力清理烧香的场地，让这些初发心的人满足愿望，实现所求。对于场地狭小、人员密集的地方，适当控制烧香的数量是很有必要的。

❧ 于一毫端现宝刹 ❧

这几天在韦老师的小禅修中心坐香，感受很好。在这样的闹市中能够有一个这样的地方让大家静下心来打坐，实在是非常非常难得的了。尽管刚搬来不久，好在可以延续原来在学院路艺海大厦时候的规矩，所以可以做到内紧外松。这实在是太好了，因为内部抓紧点，就有了凝聚力，外部放松些就有了吸引力。

这里的紧是什么样的紧呢？静室里坐香每天可以安排到六七支以上，短的香止静一个小时，长的香止静一个半小时。这让我们住在寺院里的人都感觉嫉妒了。难怪去年（2010年）从他们这里出去打禅七的人，个个都在当地的禅堂表现突出，成为佼佼者。

这个小道场，大约120平方米，几个房间分别作为行香、拜佛、静坐的地方，可以容纳二十个人左右活动。小卧作为静室，可以安排十个左右的座位。大卧作为公共休息室，也可以作为临时来人的住房。

因为有厨房和卫生间，所以，吃饭和吃点心的问题以及大众方便等问题就全解决了。在这个环境里，一天安排坐六七支香是最合适不过了。常常来这里坐香的人都算是老参吧，很能坐，一坐总是一个多小时。外边也是同步止、开静，绝大部分时间大家是止语的。

为了接纳一些新人，自己建议他们把每周的一两天放松一些，不要太严格要求止语，这样可以带动一些新人用功。常常来的人，每周安排一两天严格的打坐。这样能满足功夫好的人在自己家里坐的缺陷，使大家喜欢上这来坐，形成新老结合的共修氛围。

因为即使功夫好的人，一般自己一个人在家坐的时候也容易放逸，有点风吹草动就下坐了。在共修的环境里有固定的止、开静时间，他们就会被摄受起来，达到共修的好处。同时，大家在一起坐，有点什么问题也容易被发现，可以互相促进。

另外，有条件的上班人员，晚上可以到这里吃饭，然后再坐一两支香。这实在是非常难得的事情，这跟古代寺院的附属庄院差不多了。在工作或者是劳动之余，还能参加禅修，这样很容易把静坐中的功夫应用到生活中去。这是修行的最好方式之一，也是自己师父提出生活禅的落实。

新来的人，受到常来的人影响，自然会被摄受起来。昨天与一位新来的人聊天，她就说到，发现自己的同事（介绍她来参加禅修的人）最近一年变化非常大，人变得很稳重、身体很好、工作效率很高，等等，所以，也想加入禅修的队伍中。

自己当然是把禅修的经验进行了传授，最最重要的是把可能出现的问题说了一下。因为学禅修就和学滑雪等其他活动一样，要想学得好就要知道如何避免学习中的困难。就像学滑雪要先学摔跤一样，学禅修要先了解其中可能出现的问题，学会如何去处理这些问题，然后才能稳步进行，否则容易学偏或者放弃。

最后还是回到正题，讲讲这个宝刹的组织。这个地方的管理人员主要是韦老师，来的人绝大部分也都成了他的学生。他与我指导别人的方式不同，自己只会硬来，教别人"它有千般伎俩，我有一法不理"来解决。这对于身体状况差的人有点受不了。

韦老师则是凭借老中医的底子，根据每一个人个别的情况，教以适合他们个人的方式，甚至在他们身体不舒服的时候进行一些单独处理或者推拿、针灸、用药等，这样会人性化一些。按照我给他的评价是比较婆婆妈妈，不像自己是"蒙古大夫"，一针扎死了算。他来得人性化一些，慢一些，更适合一般人的身体情况。

房租等费用方面，大家每月公交一定的道场建设费，有能力的人自然会多付出一些。每一个人来吃顿饭交五块钱，在这个不缺吃喝的时代实在很好了。缺的东西他们自己就会去买。活动中大家基本是不说话的，这也是提倡止语或者少说话的宗旨吧。

给自己的感觉是大家把这里当成了一个家，尽管有当值来管理，但是干活等事情还是大家一起来。可能是因为人数少的原因，感觉效率比寺院还高。这个体现在可以有更多的时间用来打坐、诵经或者拜忏。吃的东西很简单，所花费的时间和金钱自然也就少。这样大家来这里打坐、诵经、拜忏的时间就有保障。因为大家在一天或者是一周忙碌之余，放弃了在自己的家里休息或做家务的时间，来这里就是希望能够最有效地得到共修的好处，避开在家独修容易放逸的毛病，使功夫能够真正地上路和进步。

最后，希望这个宝刹能够发展壮大。因为这正是自己认为适应现代社会时期的佛教修行方式，类似古代祖师们建立的以庄院经济来维持道场的方式。因为在自然经济时代，庄院经济有着非常强大的力量，而现代的商业经济与古代的自然经济有了很大的区别，如何在现代商业经济中发展佛教事业是现代佛子们面临的问题。所以，自己建议这个宝所要投入到市场经济中去。建议他们可以从开网店入手，这样容易维持道场，减少大众的负担，同时可以吸引更多的人来修行，最重要的是可以突破这一百多平方米的瓶颈，让更多的人有机会参与到禅修的队伍中来，让更多的人得到禅修的好处。这一建议正好与韦老师的计划吻合了，所以我想很快会得到落实。

如笋出土齐竹林

这几天寺里给居士授完在家菩萨戒之后，自己常常带领这些新戒菩萨们活动。在这些活动中，自己常常感觉到这些新戒菩萨就像出土的新笋，很快地长大、长高，迅速地成为菩萨竹林里面的一支新竹，并且很快就与老竹子（老菩萨们）一样高大健壮了。

见过竹林的人都会有这个体会，竹笋出土后的三五天，会迅速长高、长大，迅速开枝散叶，在短短的几天后，就与老竹子一样高大了。唯一的区别是新竹会更嫩绿一些，竹子的坚韧或者叫强度会比老竹子小些。这些特征非常像新受戒的佛弟子，他们具有与新竹一样的成长速度与新鲜。这在佛经里面也是说过的，《华严经》中形容新登地菩萨为"犹如庄严妙宝树"。只要新戒菩萨一发起菩提心，就能很快地成长起来，与诸大菩萨看齐，与诸大菩萨一起步入自利利他的菩萨大道。所以，这些初发心的菩萨，只要一发菩提心，就能登圣位，戒律里面也是这样讲的。

而自己这几天与新戒菩萨们相处的时候，也处处感受到他们的持戒精进。不要说让僧先行等日常行动，就是六斋日的八关斋戒受持等项目也是牢记在心、念念不忘。更不要说五个根本大戒的守持了，可以说真的是处处谨小慎微，搞得自己常常会发起惭愧心。

记得初八下午因为黄梅的居士在法会结束后都回家了，而绝大部分远地来受戒的人还没有离开，大寮做饭就缺人手了。自己没有事情就跑到大寮帮忙做择菜等事情，自然也会有很多的新戒菩萨们跟着我来到大寮帮忙，一边很自然就会有交流。在晚上做多少人饭的问题上，自己建议去客堂问问。突然有一个新戒菩萨说，问了也没用，因为今天很多人会守持八关斋戒，他们是过午不食的。这一下把自己提醒了，很有当头棒喝之感。

因为寺院里我们虽然守持过午不食的戒条，但是因为种种原因，大寮提供药石，我们也理所当然地吃了。这样日积月累我们已经习惯于晚上用药石，渐渐把药石当成了理所当然的事情，真的有点把过午不食的戒条给忘记了。所以，他这一提醒，当头一棒，让自己在繁杂中关心到了自己，关心到了自己的戒律守持情况，让自己再一次地感受了惭愧。

我们这些受戒多年的人，真的应该好好反省一下。记得自己在出家前就写过日记"自行录"，当时是那样地羡慕与发心。现在真的是有很多的疲沓与懈怠，真的应该日中三省自己的身、口、意。千万不要只做一个为别人看门与数宝的人，自己却在宝山空手而回。

每天要反省一下自己的身业造了多少，忏悔了没有，惭愧心发了没有；每天反省一下自己的口业造了多少，忏悔了没有，惭愧心发了没有；每天反省一下自己的意业造了多少，忏悔了没有，惭愧心发了没有？不能只是教别人去忏悔，教别人去发惭愧心，要不就惨了。

就像银行的职员，每天过手很多很多的钱财，可是属于自己的却很少很少。我们出家或受戒多年的佛弟子，要多多守护自己的法财，不要像银行职员一样，为别人数钞票，而自己却所得不多。这样不但是自己的法财贫乏，而且也为这些新戒菩萨做了一个坏的榜样。

我们不能像老竹子一样很快地黄老而去，我们要像松柏一样万年常青。当然对于新戒菩萨，则不但要像新竹笋一样，迅速与老竹子看齐，长得与他们一样健壮与高大，而且也要像松柏一样常青常绿，要像佛陀一样成为守戒的模范。

第五章

萝卜白菜过大年

-⚜ 萝卜白菜过大年 ⚜-

今年（2014年）春节在法眼寺过年的人多达八十多位，这让自己兴奋不已。因为法眼寺从前年自己单独一个人上山之后，到现在也就是20个月的时间。从家徒四壁到目前能接待二百多人食宿的规模，真的是发生了天翻地覆的变化，而这些变化都是坚持禅修带来的。

因为法眼寺地处高山，交通极其不便，尤其是过年期间的冬天基本是处于大雪封山的状态。来来往往的人和物资都要靠挂上防滑链的汽车来运输，所以生活非常不方便。为了准备大家在山上过年，我们在年前就储存了一万多斤的白菜和萝卜。所以，今年在山上过年人的主要食物就是萝卜和白菜了。好在大寮的师父善用其心，把这些萝卜白菜做得让大家吃得十分开心。

当然，更加开心的是禅修。法眼寺的无念祖师就是以"白棒藤条明见性，萝卜白菜悟真经"禅修出名的。所以，大家在山上过萝卜白菜的禅修年，不但是体会了老祖宗的禅风，还享受到了萝卜白菜辅助下的禅修生活。

这表现在时间不够用上面。因为禅修本身就要花费大家的主要时间，然后要利用禅修之余挤出的时间处理萝卜白菜，还要感受山上的风光，尤其是雪后的琉璃世界的风光，基本上是没有人见过的。因为高山的冬季，一般的人是很少接触到的。

在这样的环境里禅修，再加上有了暖气和萝卜白菜的保证，大家的心自然就容易安定下来。所以，我们不但能坚持原来的每天九支香禅修不断，还能安排很多特别的禅修内容。比如结合春节的祈福消灾，组织了十几个人在方丈室举行闭关式的三天不倒单禅修。

正是因为这些新的尝试，我们发现了法眼寺以后可以经常组织不倒单式的高强度禅修。因为在这三天闭关之后，好几个人出关后反响不凡，两夜没休息，精力都还很好。还有的同修凌晨三点刚从密坛中坐长香下来，直接就进禅堂又上坐了。还有几个人小睡了一会儿，五点又跑到大禅堂和大众一起坐早课香了。大家的一致意见是三天的闭关不过瘾，希望继续提供坐长香的机会。所以，我们不得不把春节期间方丈室药师密坛进行重新布置，把这个空间可供打坐的位置由原来的十几个扩大到三十几个，这样可以让更多的人在里面坐长香和不倒单。结果就是现在的情况——好几个人已经五天没有回寮房睡觉了。

所以，我们决定一边坚持大禅堂每天九支香之外，在方丈室组织坐长香和不倒单式的闭关禅修。过年之后到目前为止，法眼寺已经组织了两个七的这样的禅修。大家法喜充满，还有很多人专程为了这一活动请假前来。

为此，我们将一如既往地尽心尽力，让更多的人能够安心地在法眼寺禅修。为了达到这一目的，尽管资金紧张、物资匮乏，我们也会像准备过年一样地安排好大众的生活，提供更多、更好、更安全的场所满足前来参加禅修的人们。

欢迎大家一起前来法眼寺禅修，我们将在维持正常大寺院各种活动的基础上，把禅修的特色保持下去。不管是节假日还是平日，法眼寺将为禅修爱好者提供尽量好的服务，让禅修这个佛教最有力的修行方式在法眼寺发扬光大。

-⊰ 错过满院桂花香 ⊱-

今天（2013 年 12 月 1 日）晒的萝卜干居然结冰了，不知不觉中法眼寺已经进入冬季。可能是前段时间过于忙碌，错过了很多身边的美丽。其中最最印象深刻的每年桂花开放季节，今年居然被自己忽略过去了。因为桂花飘香的季节是我们禅修的最好时光，这个季节干燥、不冷不热，打坐最舒服。

印象最最深刻的是坐在座位上就能闻到浓烈甜腻的桂花香，这种香在秋季的禅堂里面陪伴了自己多年，是自己最最喜欢的。因为这种香只有秋季才有，而自己却每每在这个季节功夫长进最快。所以，自己对这种香的印象非常深刻，可以说这种香的味道暗示着自己接近秋天的收获了。

每年的这个时候，自己总会到院子里去观赏桂花。有时甚至会去摘点桂花放在房间闻香，或者是送到斋堂作香料。摘桂花也很特别，因为桂花的花瓣很小，没办法一朵一朵地摘，我们就用一把雨伞倒挂在树枝上，然后用手去捏搓桂花，让花自己掉下来落入伞内，然后再把收集到的花与叶子等杂物分离，这样就得到了干净的桂花了。这些干净的桂花可以当作食品香料来用，泡桂花茶、蒸桂花糕、做桂花花卷等，而且还可以把这些桂花晾干之后长久保存，等需要的时候随时拿出来食用。

最有意思的是桂花一年还不止开一次，每年会开一到三次。一般是在中秋节前后的两三个月里开几次不等。法眼寺的地理气候很特别，桂花开的特点是不容易掉下来，这些花会自己在树上慢慢变干，等到下一次开花才会把旧的花顶掉，非常好玩儿。

但是，今年（2013 年）的桂花开了几次，开了多久，却被自己忽略了。因为今年在法眼寺升座实在是太忙了，居然把身边这样重大的事忽略了。自然今年也没有去采摘桂花来做自己喜欢的东西。不过桂花香的深刻印象还是存在，因为自己还写过一篇"桂花飘香助升座"的日记。

因为这次的升座，寺院的功能基本得到了落实。原先没有启用的客堂、斋堂、禅堂、法堂、天王殿等各处的殿堂全部开始启用。尤其是禅堂和斋堂的启用，花费了我们很大的心力、体力。因为我们全程参与了这些地方的建设和设施的安装。

二十几位常住大众，要把这三十几处活动场所全部启用是一件非常辛苦的事情。而且我们还要保持禅堂里面坐香不断，还要保证长达二十几天的拜忏等佛事做得认真周全。就这几个人，把大丛林能够做的佛事基本上都做了一遍，必然是会把大家都累坏的。

尽管也请了几位其他寺院的人来帮忙，但是绝大部分的工作还是需要我们自己去做。尤其是后来的上普供，要在三十几处的佛像前上供，在没有外来法师的帮助下做完这个佛事，真的是把我们考验了一下。因为我们常住的十几位法师出家都没有超过一年半的，因为我们进驻法眼寺还不到一年半的时间。所以，他们对于这些佛事都非常陌生，只有请外来的人教。到了后来上普供的时候，这些外来帮忙的人全走了，我们只好自己一边学习、一边练习、一边实践。所以，常常能够在晚上听到我们集体练习打法器的声音，而且这样的声音还一直保持到现在。

所以，在这样紧张的修行生活中，我们会错过桂花飘香的时节也不奇怪。因为我们忙碌的戒定真香盖过了桂花的飘香。我想，随着我们这些出家人的成长，法眼寺不但有桂花的飘香，更有我们法眼寺常住大众的戒定真香飘满黄柏山。

❧ 辛苦入驻新禅堂 ❧

前几天我们总算是入驻新禅堂了。能在新的禅堂里面打坐了，真是件令人高兴的事情。这个新禅堂真的是费了我们很多的心血，不管是盖房子的前期还是入驻的后期，我们都全程参与了这个院子的建设和设计，所以大家都非常辛苦和劳累，也更加爱惜这个新天地。

从 2012 年夏天的奠基开始，我们为奠基仪式进行了洒净等佛事，然后是开工，我们全程跟进。哪一个门怎么开、哪一扇窗要多高、哪一梁要增加什么、哪一个房间要开什么窗、哪一个房间要如何开门……我们是紧紧盯着工程的进度一点也不放过。

所以，整个禅堂院子的建设是按照我们的要求设计施工出来的。尽管建筑面积和费用的问题我们不能参与讨论，但是除此之外，整个院子基本是按照我们的思路完成的。所以，这个禅堂院子布局使用的方便性是非常实在的。

比如禅堂里面挂钟板的位置和挂钩，比如护七寮的位置，比如班首寮的位置，比如韦陀殿的位置，比如防风的问题，比如……甚至是消毒灯的位置我们都设计安装到位了。所以，目前禅堂里面的设施可以说是样样现成，般般如意。大家在里面生活和打坐自然是方便实用。

尤其是后期的安装暖气工作，大家亲力亲为一起上工，每个人都搞得手上出水疱。接着是清理工地施工遗留的痕迹，我们戏称为"开光"工作，那是一寸地面一寸地面地清理的。大家利用禅修之余，干了近两个月才把这项工作做完。

接着是买家具、搬家、安装窗帘、打扫卫生、布置环境……真是把大家累坏了。大家不用安排各自具体做什么事情，只要感觉哪里不顺眼，就自觉地把那里整理清爽。而且大家看到自己的劳动成果之后都有一种成就感，所以都是高高兴兴地在各自忙碌着。

当然有很多事情是需要众人的力量才能完成的，比如搬运家具、整理地面、清除工地痕迹，等等事情，需要大众齐心协力才能完成，然后才是各自分工做自己看到的事情。最可贵的是大家做这些事情基本上都是利用禅修之余的时间。

所以，禅堂里面依然保持着每天九支香地坐着。正因为这样，大家就更加辛苦。因为每个人的体力是有限的，打坐之余再干这么多事情的确会更加辛苦。所以，大家经常挂在口边的话是"把干这些活当作行香"活动身体了，只要一开静，大家基本上都要出来干活。也正是因为大家的禅修基础才能完成这样辛苦的劳作。很多人都说一天要是不打坐实在会受不了。所以，打坐结合干活这是最近一段时间来大家的生活方式。尽管非常辛苦，尤其是常住的几位出家师父和在家居士，他们真的是一刻也没有停过，总在忙碌中。

再加上大家还各自有自己的学习项目在进行，有的人要学打法器，有的人要完成学习功课，有的人要背诵经典，有的人要接待来宾……每一个人都有很多的事情要做。所以，这段时间看到的都是忙忙碌碌的身影，真的是各忙各的。

这正是自己希望看到的情景，因为大家各有目标，各有办法，各自为实现自己的目标努力着。能够有这么多精力去做事情，必然是禅修之后精力开始旺盛的特征；能够各自忙碌地实现自己的目的，必然是知道自己需要什么了！

❧ 热火朝天冬储菜 ❧

这几天累死了，因为冬天要到了，天天要处理这些萝卜和白菜。我们要趁眼前菜价便宜多多储备各种菜，这样我们过年的时候才能吃上便宜又环保的菜。所以，我们今年（2013 年）买了五千多斤萝卜，四千多斤白菜，一千多斤青菜，合计一万多斤的菜。

其中最麻烦的是腌青菜。首先要把青菜洗干净，然后晾晒，然后切小块，然后再入缸腌制。在这样冷的天气里，我们要洗近千斤的青菜，每次洗完手都是冻僵的。而且因为是要腌制的菜，不能用热水洗，大家只好忍着水凉，咬紧牙关去干了。

其次是萝卜，因为量最大，处理方法又复杂，所以更加困难。把那一千多斤过冬的萝卜用沙土埋起来是最简单的了。挖个坑，垫上沙土，然后一层萝卜一层沙土地放进去，最后再厚厚地盖上一层沙土，再盖上纸板等保温的物品，这就算是埋好了。不过这个工程也把我们累得够呛。

对于要晒萝卜干的几千斤来说就麻烦了。首先要把萝卜洗干净，然后再切，然后再用盐腌制，然后再挂出去晾晒。每一道工序都很麻烦，洗萝卜不比洗青菜简单，因为量多，一洗就是几个小时。不是放在水里搅一搅就完，要一个一个地用刷子刷，很辛苦的。

外边的天气已经结冰了，房内没有暖气，水温自然也是接近零度的。几个小时地洗刷萝卜不是那么轻松的事情，往往洗完之后不知道手是谁的了。然后是切萝卜。今年有了耀宇师和康居士的建议，我们切萝卜就简单多了。他们教我们一种特别的切法，这种切法说起来简单，切起来也不那么容易。首先是一面四十五度角切到三分之二，另一面横切到三分之二。这样切出来的萝卜就像手风琴一样很容易挂起来。再经过十几个小时的腌制之后，萝卜的韧劲就出来了，这样拿到外边挂起来晾晒就方便多了。所以，我们吃过饭之后往往是四五个人一起切。切起来的手感也很有意思，在先切第一面的时候会感觉很紧要很用力，但是又不能切到头，只能切到三分之二。到了切另一面的时候就会感觉切在很松软的东西上面，比切第一面轻松多了。但是也要把握力度，不能切过头，否则就算是把这个萝卜切废了。切不好的萝卜则要切成丝直接晾晒，即使是切下来的头尾我们也不放过，剁碎了炸萝卜丸子。

因为晾晒的地方有限，我们一般在晾晒到五六成干就收到别的地方去晒了。这样腾出地方来挂晒新切的萝卜。因为外边的温度在早晚都是零度以下，所以，我们如果太早或者太晚去挂或者去收的话，就会发现萝卜已经结冰了，只能在中午的时候去挂或收。

大白菜的处理就简单了，只要把它拿到外边风干表面几层叶子，然后放在空房间里码好（我们没有地窖，就用一间空房当地窖了），再用保暖的纸板等盖起来。为了节省空间，要把大白菜一层一层地码好，而且在每一层之间还要用木板或者其他东西隔离。这样才能节省最大空间地把大白菜放好，也不容易上冻，而且也不容易继续风干。

记得去年我们也冬储了一些菜，不过没有这么多。去年全部冬储菜也就买了一千多斤。今年真是家大业大，一下冬储了一万多斤的菜。好在目前的菜价相对便宜，萝卜四斤一块钱，大白菜三斤一块钱，青菜七毛一斤。

最让我们感兴趣的是这些菜都是当地老百姓自己种的，是典型的无公害蔬菜。所以，储藏冬菜即使辛苦，我们也乐在其中，因为这样我们在过年的时候就有好菜吃了。

❋ 诸事俱备好过冬 ❋

法眼寺虽然在南方，但是因为地处高山，有七百多米的海拔高度，所以这里的气候比较像北方，有北方的干燥和寒冷，而夏天却很凉爽。这样的环境特别适合禅修，所以法眼寺选择了常年禅修的寺院特色。因为有凉爽的夏季，可以在夏季也能让大家安心坐在禅堂里面。

法眼寺地处南方，所以当地人习惯了南方的生活方式，比如面食少，冬天没有像北方一样的过冬习惯。不过即使这里因为海拔高而寒冷，但因为是在南方，所以再怎么冷也不如北京和石家庄那么冷。但是因为当地人没有像北方一样的过冬习惯，对于我们外来的人来说还是很难过。而且这里清冷的（0~10℃）天数比较长，长达四五个月左右。这种温度对于禅修来说是再好不过，但对于生活来说就有很多的不便。比如在这个季节当地就买不到菜了，比如在最冷的时候会大雪封山，比如刺骨冰凉的水很难适应……

所以，这个冬天我们采取了北方人过冬的习惯来生活和修行。比如安装了暖气，比如冬储了很多的菜，比如准备了防滑设施，比如准备了扫雪的工具，如此等等，我们采用北方人过冬的习惯。这样我们就能安心地禅修了。

所以，过冬前这几天累死了，因为带暖气设施的新禅堂启用就让我们劳作了很长的时间。大家加班加点地出坡干活，无论是从工地的工程还是从搬进新禅堂的过程，乃至于住进新禅堂之后的工程收尾事务，大家都在不停地劳作中。

冬天的保暖设施就有很多，各种各样的棉制品就把常住的几位会缝纫的人忙坏了。三台缝纫机从中秋节升座法会前一个多月就一直在忙碌着没有停过。为了做厚门帘，有的人手都被针扎透了；为了让大家有好的厚被子盖，忙坏了很多人……

大寮里面最辛苦，因为我们买了一万多斤的冬储菜。这一万多斤的菜不管是腌制还是晒干，或是深埋，或是入窖，都不是一件容易的事。尽管自己带头出坡干活处理这些菜，而且大家也了解为什么要这样做，可还是有很多的怨言。但是没有办法，实在是人少事多，大家这段时间实在是太累了。

尽管自己减少了很多的事情，尽量少安排大家出坡干活，甚至是自己能干的就自己干，但是面对这么多的事情，很多时候也不得不请求他们帮忙。去年（2012 年）我们也冬储了菜，不过全部冬储菜也就一千斤左右，自己和一两个居士就把这些事情干完了。

今年真是家大业大了，自然要大家一起干了，要不会累死谁的。因为目前的菜价格实在很诱人，这么便宜的菜我们不多储存一些实在也说不过去。

-⚛ 包子馅是萝卜根 ⚛-

四五千斤的萝卜切开晒干，过程中有很多萝卜头和萝卜根。几天就产生了两大盆的萝卜头和萝卜根，倒掉实在是费力又浪费，怎么处理就成了问题。我们不管三七二十一，先剁碎了再说。

我们有很多处理烂菜和老菜叶子的经验。对于这些无法直接吃的菜，一般是先剁碎，然后用开水烫或者煮，然后脱水再炒着吃或者是拌馅吃。所以，遇到像萝卜根和萝卜头这样的东西，我们第一个念头就是剁碎，然后再进行其他方式的处理。至于怎么吃法到需要的时候再说。我们有很多吃这些萝卜根和萝卜头的方式。事实上，只要处理得好，这些萝卜根和萝卜头的营养价值更高，纤维含量更多，吃起来更好吃。关键是我们要善用其心去善待这些根和头，让它们发挥最大的优势。

正好做主食的居士说要做馒头了，明天没有馒头吃了。自己马上告诉他不做馒头了，做包子吧。这些萝卜根和萝卜头正好可以做包子馅。所以，第一批的萝卜根和萝卜头就被用来包包子了。寺里面吃馅是经常的事情，关于吃包子，尤其是吃放参包子自己还写过很多日记。

当我们吃完包子开始在大寮洗碗的时候，自己就问一个年轻的出家师："考考你，今天吃的包子是什么馅的？"他回忆了很久，把今天的菜基本全说了一遍，也没有说出萝卜根来。又问一个参与剁萝卜根和萝卜头的居士，他也想了很久，说了很多菜的名字，就是猜不出包子的馅到底是什么。

可见用萝卜根和萝卜头做包子馅大家怎么也想不到。同时，也是最关键的，我们把这些本该丢掉的东西处理得非常认真和仔细，让大家一点也吃不出来是什么东西。最最关键的是，大家都认为这包子馅好吃，没有任何异味或其他的不同。这说明大寮的工作人员善用其心，善待一切的修行落实到了生活中，是在真正地落实生活禅法。

后来，我们把这些萝卜根、萝卜头剁出来的馅做了馅饼、萝卜丸子等美味。大家自然是吃得兴高采烈，尤其是萝卜丸子，不但可以做成各种菜在斋堂里吃，还可以在护七寮里面的点心盘上见到。因为我们的护七寮点心不多，经常就用斋堂的菜来当点心了。

事实上，只要我们善用其心，善待一切，就能够化腐朽为神奇。这和我们平常参禅修行打坐的目的是一样的，只要专注地投入事务，我们就能得到这个事务的三昧，就能把这件事研究透彻，就能把这件事做好……

这就是我们平常所说的"心定菜根香"的具体落实和表现。我们利用萝卜的废料做出了十分美味的食品，不但节约了物资，还锻炼了精进精神，提倡了勤俭节约的作风。这就是我们参禅的目的，也是我们修行的落实和成绩。

❧ 冬至法眼忙坐香 ❧

一年中白天最短的一天——冬至到来了，明天开始白天就越来越长了。我们在新的禅堂打坐也已经过了好几个七了。为了纪念这个特殊的日子，利用放香的时间我们决定给大家谋点福利——吃火锅。因为一切过冬的准备全部了结了，现在就开始享受冬季的来临。

在法眼寺，最幸福的日子当然是在夏天。因为这里夏天不热，禅修非常舒服。不过今年因为准备工作做得好，我们在严寒的冬季也能像夏天一样地展开禅修。在寒冷的季节，大家都感觉比在夏天的时候打坐还要得力。因为有点寒意能够使得我们更加清醒，自然用起功夫来就更加得力了。再加上在新的禅堂里面可以跑香，大家经过跑香之后在微微有点出汗的时候上座自然会容易入静。所以，这个时候的功夫自然好做很多。

新禅堂地暖可以控制温度，所以，在大家需要冷的时候有冷，需要热的时候有热，真正做到了"般般现成，事事如意"。所以很容易就让大家每一支香一上座就很快安静下来，自然功夫会突飞猛进。

饮食的调理，使大家的身体保持了一个良好的状态。从自己的角度来说，一上座就常常感觉头顶有一股力量向上拔，而且这股力量能够保持整支香坐完。所以，轻安的感受是从上座开始直到结束。

问过其他几个人的感受，虽有不同，但都是很快就能入静。腿子也没有那么疼了（实际上是因为功夫得力，腿子疼的感受减轻）。大家的同一感受是不想下座了，希望把香延长一点。但是，我们还是会按照原来的规矩，不会随便改变时间表的。

目前法眼寺的禅七已经进入第八十几个七了。也就是说这里的禅七已经进行了五六百天了。大家已经非常习惯禅七的生活了。禅堂的氛围自然也已经形成了，所谓的加持力自然是非常强大了。所以，这里是大家禅修的最佳选择，欢迎大家前来与我们一起禅修。

尽管我们到达法眼寺才刚刚一年半的时间，但是这里一切都走上正轨了。常住已经有二三十人了，出家众都超过二十位了，在这样的环境下一起禅修，自然会进步很快。但是对于有七十多个位置的禅堂来说，三十多人还是太少，欢迎大家尽早前来占位置。

当然法眼寺还会继续接收出家的佛弟子，欢迎想出家的人前来联系。想出家的人需要在这里通过禅七的训练才考虑是否接收。没有禅修基础的人可以先参加藏经楼禅堂的禅修，然后再进入禅堂的禅七，再根据情况考虑是否接收为徒给予剃度。

法眼寺的常住居士不多，随着云水楼和斋堂的启用，可以容纳更多的常住居士。欢迎大家前来发心常住，护持道场修福修慧。目前在人员比较少的情况下，在家居士可以与出家人在同一个禅堂禅修。

并且，法眼寺将于寒假期间举行短期出家等一系列春节法会，同时春节期间禅七不放香。欢迎大家前来与我们一起过春节和禅修，具体问题可以联系客堂（客堂电话号码：0376-8135229）。假期上山的朋友如遇景区门票问题请出示皈依证或与我们联系。

❀ 冬储菜中萝卜禅 ❀

这几天搬萝卜、洗萝卜、切萝卜、腌萝卜、晒萝卜把大家忙坏了。但是大家更忙的是禅堂里面的打坐参禅。可能是整天与萝卜打交道的关系，大家开始打萝卜的妄想了。在座上很多的妄想与萝卜有关，还有人在微信群里写下自己的妄想：

万事万物都是禅的示现！寺庙因为不做佛事经济收入不好！大和尚囤积了 2000 斤大萝卜过冬，每天都在反复整理、洗刷萝卜，这就好像在先洗刷我们身上的习气，然后放在案板上，来回开片切，忍在心上一把刀！［偷笑］最后撒上盐，放在盐水里腌、浸泡。就好比要在最难处行，最烦处参，最痛苦处悟！直到晒太阳，经过太阳的反复晒制，最终成为无自性的萝卜干，没有了脾气，爱炒菜用也行，凉拌也行。

这个妄想也太有水平了点，居然把白天干的活拿到禅凳上去打妄想了。而且这个妄想还有模有样的，把参禅和所干的活糅到一起去了。在别人看来可能会觉得不错，不过在自己看来这是典型的马后炮的参禅形式，堕落到了在结果上用功夫的境界里面去了。

因为参禅用功要从根上出发，要从念头还没有出现前一刀砍死。这正是很多人入不了禅的原因，很多人不知道这里如何下手。认为一刀砍死，到底要砍死个什么——总是想找一个"相"来对号入座去砍。这就是禅门难入的地方，所以所谓的"萝卜禅"实际是马后炮禅。

大家想想，我们的念头还没有出现的时候是什么状态？佛教把这个时候的状态用很多的名词来说的。比如"空""无生""无""心""性"，等等很多很多。但是有说皆错！

因为一说成妄想了，已经又落到马后炮了。如果再往前一点也就是说马后炮前一点的状态，简单来说就是妄想生起来前的状态。所以我们的妄想生灭过程就是我们的根本，也是我们一切行为的状态。因为贪嗔痴，我们的注意力被抓到妄想的结果和内容上去了。

这就是我们因此堕落的原因。我们明明知道这是妄想，是虚幻，是空无，是……可还是被我们的贪嗔痴带着跑。如果不被贪嗔痴带着跑，或者说不管妄想的内容和结果，只管妄想的生灭，就有希望觉悟，就有希望解脱……

佛陀很多辈子就是为了得到这个根本的生灭法而献身的，

所谓："诸行无常，是生灭法，生灭灭已，寂灭为乐。"这就是一切觉悟的根本，是一切用功的根本，是所谓如来禅、祖师禅、凡夫禅、话头禅、默照禅……禅的根本，也是我们修行的根本。

所以，如何息灭贪嗔痴，如何把精力放到妄想的生灭上去，而不是把精力放到结果上去；或者说是把精力放到过程中去，不要把精力放到结果和内容上去，这就是我们修行的根本，是一切禅的入门，是我们一切修行的手段。

这就是我们做功夫的下手处。因为这是息灭贪嗔痴的最好办法，是从根上驱除贪嗔痴的办法。如果只是做马后炮的功夫，那只是在枝枝叶叶上做功夫，去掉了一个无明烦恼又会生出十个百个无明烦恼，因为根还在，贪嗔痴还在，自然无法避免。

所以，我们在做功夫的时候尽量不要去理妄想的内容和结果，要在妄想的生起和消失上做功夫。这就是驱除贪嗔痴，就是如来禅，就是祖师禅，就是看话头，就是……否则今年的萝卜妄想打完了，明年的萝卜又要处理了，没有完的一天。只有只管处理才能彻底解决问题。

学打法器法眼寺

记得小时候老家常常说一句谚语："年老学阉猪。"意思是老了再学技艺实在是太困难了。目前自己就差不多在学"阉猪"——学打法器。其实自己出家十几年，法器和唱念虽然不好，但是勉强还是能拿得下来，尤其木鱼是自己最拿手的。只是没有时间去系统学过，甚至连专门拿出时间来学也是没有过的。

现在到了法眼寺，大家都是刚刚出家一年多的年轻人，面临着学打法器的事情，自己只好勉为其难跟着大家一起学。所以，现在能够拿出时间来专门学打法器也算是一件奢侈的事情了。现在基本每天晚上我们大家一起聚集在方丈室学打法器，甚是热闹。

学习敲打法器首先要学会唱，自己五音不全自然是唱不好的。可是对于不会唱的人来说，自己好歹算是还有点原来的调子。所以，大家只好多花时间来练习了，从最简单的韦陀赞开始。最好玩的是我们唱韦陀赞也跑调，而且是只要有人唱跑调，大家就一起跟着跑。

实在是大家都不会啊，没有办法只好对着书一点一点地来学。幸运的是后来把别人唱的录了音，我们就搬来音响一遍又一遍地听；然后再一遍又一遍地跟着声音唱；然后是默默地跟着打法器；然后是跟着一边唱一边打法器；最后就关掉录音自己唱，自己打法器。

唱几次之后又开始跑调，即使是简单的韦陀赞我们也能唱得跑调。这样一直练了有一个多礼拜之后，我们把韦陀赞拿下了，可以不用再听别人的声音也能不跑调了。而且对于韦陀赞这个调子变得熟悉了，人唱得再累至少法器的声音能够正确了。

这个过程不知道唱了多少遍，大家都非常辛苦。尤其是总在唱一个赞子很容易疲劳，好在大家都有想学的念头，希望我们自己就能把这些佛事做好，而不是再请别人。所以，大家把禅修的功夫拿出来，一遍又一遍不厌其烦地练习，而且还要打起精神来练。

功夫不负有心人，现在总算是把韦陀赞唱得滚瓜烂熟了，所以就开始唱同样调子的其他六句赞。有一天晚上我们把三十多处普供的六句赞全部敲打唱念了一遍，每一个人都口干舌燥，真的很辛苦。尤其是我们还不会掌握技巧，都是靠自己的嗓音大声唱念来练习的，口干舌燥是必然的。

接下来再学习其他的内容就算是已经入门了。所以，接着学和韦陀赞类似的炉香赞，就慢慢上道了。当然，每一个赞子的练习可没有这么简单，因为每一个都要反复练几十、几百遍。

打法器就是一个熟练工种，要打得出自己的感觉了才算是过关。因为在现场是没有书可以供你看的，只有靠自己练习出来的感觉来打。所以，每一个赞子都要打得出感觉是要花费很多时间和精力的，可贵的是很多人自己都在暗暗下功夫。

练习打法器的时候，我们最怕的是所谓"哑巴法器"。哑巴法器就是说打法器的人不跟着唱。当然不跟着唱是省力气了，但是因为你不跟着唱就不容易敲到点子上，不可能产生出自己的感觉来。所以，哑巴法器虽然省力气，但是我们还是不敢使用，大家都在努力练习中。

当然，后面还有很多的赞子在等着我们练习，还有很多的辛苦等着我们去享受。不过自己能够在现在这样的时期，拿出专门的时间来学习敲打法器，也是自己没有想到的，是需要放下很多东西才能做到的。不过自己现在越来越"死猪不怕开水烫"了。所以现在学习敲打法器真的感觉是"年老学阉猪"。

周末弘法真辛苦

周末弘法已经开展七期了，常住大众为这个活动都非常辛苦。我们戏称这是夏令营的延续，是一种新的短期夏令营。它让前来体验活动的人感受寺院的生活，抹去对寺院的陌生，体验佛教的正法，这本身就是夏令营的活动内容。

这个活动从开始组织就要辛苦很多人，比如要想让人知道有这个活动，就要做宣传，通过各种途径告诉大家法眼寺有这样的活动。而目前环境下做宣传是一件非常辛苦的事情。因为大家认为做宣传必然是有目的的，的确我们是有目的的，但是是公益的目的而已。所以，我们在做宣传的时候往往就会遇到很多的困难，会给别人增加烦恼。

再比如带队的问题，从上车人数的统计开始，有没有人落下？有没有还在路上赶的？要对每一个未赶到的人打电话核实……带队的人是很辛苦的。等人的时候，对于已经到了的人就是一种不公平，浪费了大家的时间。所以不能正点发车是常规了，只是晚点多少的问题。

到了寺院要安排食宿，这又要忙坏很多常住大众。因为平时在庙里面只有三十来人，一下子再来三十来人就会打乱我们的生活节奏。接着是安排活动，如果天气晴好那么活动只管按原计划进行，如果下雨则要改变计划，这又要麻烦到常住大众了。

事实上，每一次都是有例外的。因为往往要根据来人的情况调整活动的内容。比如增加皈依活动，增加扫塔活动，增加出坡活动……所以，我们要时刻准备应接来人的新需求，安排一些他们喜欢的特殊活动。

最后就是回程问题。有的人家里有事希望早点回去；有的人还没有体验够这里的生活，不知道跑哪里去了；有的人还在做义工，就差一点要完成了。如此等等很多特殊情况，真的是"众口难调"。所以每次回程都要把组织者忙坏，还要接受大家的不理解。

当然，更多的人是看到了我们的辛苦，自动开始帮助我们做事情。比如吃饭后帮忙洗碗、帮忙收拾活动后的场所、每一个人都在走前收拾自己的床位、换洗被单以及寮房卫生、清理垃圾，等等。他们把力所能及的事情全部帮忙做了。

特别的是从未参加过活动的胡居士，他尽管从来没有参加过周末禅修活动，但他却是每一个周末禅修活动的组织者。每一次禅修活动从武汉发车的时候他总是在现场帮助组织。基本上武汉这边的事务他全包了，甚至是寺院要采购的物品也是他在张罗。

当然还有很多很多人为周末禅修活动做奉献。因为周末弘法活动对团体学生的来回车费是免费的，活动所需要的其他生活费用、结缘品的费用、书籍的费用也全是免费的，所以还有很多人为这些活动提供资金。这些帮助使我们的周末弘法活动能够顺利展开。

特别强调的是，这些奉献不但为周末弘法活动提供了帮助，同时也为功德主创造了布施的机会，因为这样的布施功德最大、机会不多。这是一种综合性的布施，不是为自己所求的布施。所以，这样的布施机会难得，帮助了学生，弘扬了佛法。

总之，周末弘法活动在大家的帮助下，或者说是在众缘成就下圆满了。不管是出力的人还是出钱的人，乃至组织的人和服务的人，甚至是参与活动的人和参加受益的人，大家都在为"令未信者生信，令已信者增长"的佛教弘扬事业付出了自己的努力。

·❁ 身体好像拖不动 ❁·

记得老和尚总说身体好像拖不动了，而自己刚刚出家的时候老和尚总说他的师父——虚云老和尚总说："拖不动了。"昨天中元节法会结束之后，自己也感觉了一次"拖不动"。"拖不动"实际上是从虚云老和尚参的话头——"拖死尸的是谁"而来，我们这具活着的死尸会经常拖不动。

法眼寺八天来的中元节法会总算是结束了，今年（2013 年）的中元节法会特别的劳累和辛苦。因为人手不够，并且绝大部分人是新手，所以一切都要自己顶上去。而且法眼寺的中元节法会和别的寺还不一样，内容更多。除了拜《梁皇宝忏》、上盂兰盆供、僧自恣等经典的佛事内容之外，还有两个禅堂的禅修、放生、三皈五戒、短期出家等佛事，而且要在法眼寺和息影塔两个地方来回跑，非常辛苦。

从 14 号晚上洒净开始，一直到 21 号晚上佛事才完毕。因为人手不够，每一堂佛事自己都要扮演好几个角色，把自己累坏了。事实上，在 14 号之前就开始忙活了，坛场的布置工作量就非常大。因为这里刚刚开始做佛事，除了要更加认真细致之外，我们还要做很多的宣传工作。

比如免费给人写牌位，这项工作既辛苦又烦琐。因为是免费的，有一部分人就不认真去做，结果我们还要去解释，去询问。并且功德主只能靠自己去宣传去找，被冠上了"化缘专业户"的美称。因为老和尚不在了，一些老的功德主就联系不上了，只剩下一两个和自己比较熟悉的老功德主。

而且，这些工作还要提前去做。两个禅堂的禅修又不能断。自己因为太忙有的时候进不了禅堂，很多人因此有意见。他们说只有当自己进入禅堂和大家一起坐的时候，大家的心才比较安定，坐起来也自然功夫好用。没有办法自己只能尽力而为，几头兼顾了。

最要命的是斋堂的工作没有专门的人负责，目前全靠叶居士一个人顶好几个人用，斋堂的工作自然也要靠她了。所以，自己要一直盯着斋堂，因为在自己的工作理念中，斋堂的工作放在第一位，然后才是禅堂和佛事，这样大家才不会"造反"。

按照自己的说法就是大家有饭吃、有地方住就不会"造反"了。所以，自己的最低要求是禅堂要安静，大家能够坐得住。然后是开静有饭吃，这样就能保证大家在禅堂能够安静地坐下来。所以，自己再累也要关注斋堂的事情，而且要求保证大家能够吃得饱和吃得好。

所以，等到法会结束的时候，自己实在感觉"拖不动"了。事实上，这个时候几处坛场的收尾工作还需要去做，需要把各个地方恢复成原来的样子，这样大家才能再次进入正常的禅修之中。这些只好等到第二天再去处理了。

不过这些"拖不动"还要再拖一下的结果非常好，我们的佛事得到了功德主的认可。最最开心的是得到了当地老百姓的认可，远亲不如近邻嘛。这对于自己来说是最最重要的事情。而且当地老百姓看到我们很多东西都是免费为他们做之后，送来了他们自己都舍不得吃的菜给我们。

因为目前山上的工程很多，吃饭的人自然就多了，很多新鲜的菜不好买而且很贵。老百姓家里自己种的菜都有限，产生"惜售"的情结，所以很多菜我们是买不来的。但是老百姓看到我们这么辛苦之后，好几个人把自己吃的菜送给我们了，这让自己感动不已，也坚定了在这里扎根的信心。

功德主也非常满意，因为他们不但是亲身体会到了拜忏的好处，还有很多的佛事瑞相使得他们感动不已，坚定了他们的信念。

第六章

拜经、拜忏好处多

-❧ 拜经机器效果好 ❧-

在《楞严经》大势至菩萨念佛圆通章里有这样的记载：

大势至法王子，与其同伦五十二菩萨，即从座起，顶礼佛足，而白佛言：我忆往昔恒河沙劫，有佛出世，名无量光。十二如来，相继一劫。其最后佛，名超日月光，彼佛教我念佛三昧。譬如有人，一专为忆，一人专忘，如是二人，若逢不逢，或见非见。二人相忆，二忆念深，如是乃至从生至生，同于形影，不相乖异。十方如来，怜念众生，如母忆子。若子逃逝，虽忆何为？子若忆母，如母忆时，母子历生，不相违远。若众生心，忆佛念佛，现前当来，必定见佛，去佛不远。不假方便，自得心开。如染香人，身有香气，此则名曰香光庄严。我本因地，以念佛心，入无生忍。今于此界，摄念佛人，归于净土。佛问圆通，我无选择。都摄六根，净念相继，得三摩地，斯为第一。

而我们利用拜经机器拜经、拜忏的时候就很容易做到"都摄六根，净念相继，得三摩地"，从而实现如大势至菩萨般的"反闻闻自性"的修行效果。因为不再需要去看经书，只要"都摄六根"认真地听机器发出的声音，然后按照机器的提示进行修行，自然能够"得三摩地"。

所以，如果把禅修打坐比喻为靠自己的力量渡河的话，利用拜经机器修行就像在拉着一根绳索从河上越渡。拜经机器犹如河上的绳索，这根绳索引导着我们"都摄六根，净念相继，得三摩地"。这样就能让散乱心比较严重的人，很容易进入专注的状态。

这实际上就是复杂用功方式。因为我们习惯于散乱，所以需要复杂的用功方式来摄受我们，这样才容易进入专注修行。拜经机器发出的声音就是我们缘念的对象，通过专注地听机器发出的声音，专注地修行，就能达到"反闻闻自性"的效果。

事实上，通过拜经机器发出的声音，我们得到了通常所说的加持效果。而且不同的经典，是佛陀为不同的对象说的。往往在这些经典的后面部分有听这些经典的人所发的护持这部经典的愿望。当我们缘念这些经典的声音的时候，他们就会来到现场帮助和护持我们。

所以，通过拜经典，我们不但能得到专注修行的效果，而且可以得到诸佛菩萨的加持和帮助。所以，我们在拜经的过程中发的一些愿，通过拜经的修行，诸佛菩萨会帮助我们实现。这就是拜经为什么会实现所求之愿的原因，并且这个愿望还可以帮助到别人。并且拜不同的经典，会有不同的效果。

用拜经机器拜经修忏悔，比一般的拜经、拜忏还有更多的利益。因为一般的方法需要我们看着经书进行，无形中分散了我们的精力，不能专注。而通过拜经机器的帮助，我们无须再分散精力，可以全身心专注于自己的拜经、拜忏修行上，达到"反闻闻自性"的效果。尤其是在打七的时候，大家刚刚体会到都摄六根、专注用功的重要性。然后再运用到眼前的拜经过程中去，实在是非常应景的。所以，法眼寺很多刚刚入门修行的人，通过拜经机器完成了认为是不可能实现的事情。

-❀ 拜经机器好处多 ❀-

拜经机器的好处非常多，比如帮助或者说是督促你坚持拜下去的好处；比如代替别人拜经忏悔的好处；比如帮助你实现在家就能拜经的好处；比如……

很多人平时也发愿拜经来修忏悔，但会因为实在无法忍受"看一个字、拜一下"的做法，感觉这样拜的效率太低。为了提高效率，就看几个字，然后拜几下，因而往往出错，不知道拜到哪里去了，非常影响注意力的集中。加之又没有那种安然悠闲的心态，没有掌握好拜经的技巧，所以不能专注地拜下去。

所以，很多人去寺院参加拜忏，但这是很不容易实现或者说是要花很大代价的事情。而自己在家拜经、拜忏的人又不知该如何正确地拜经。一般能做到一个字一个字地去拜，能够坚持下来不乱已经不容易了。真正把每一次的拜经变成一堂完整的佛事，达到自利利他的效果，是很不容易的事情。

拜经机器能够实现在家拜经忏悔，省去了跑远路去寺院参加法会的时间和精力。何况寺院组织这些拜经、拜忏也不是随时都有的。现在有了拜经机器的帮助，这些问题迎刃而解了。大家在自己的家里就能实现在寺院一样的拜经、拜忏的效果了。

拜经、拜忏还有一个特点是可以为或者代别人求忏悔，做佛事。所以，对于身体有问题的人来说，这是一个非常大的福音。因为他们可能没有能力身体力行地去拜经、拜忏了，只能通过请求别人帮助的方式来忏悔过失。当他们在找不到代替自己拜忏人的时候，可以用请购拜经机器，然后赠送他人的方法来忏悔自己的业障。这样，使用这台机器的人实际上不但能够利益自己，还能为功德主做佛事。因为每一次拜经、拜忏的过程就是一堂完整的求愿佛事过程，所以每一次拜经、拜忏就相当于有个人在为你求愿做佛事。所以，你买机器送给人之后，需要的人通过拜经、拜忏得到好处，你更有好处啊！

因为拜经、拜忏的人不但是为自己求愿，为自己修行，还等于在为你做佛事，做回向，为你祈祷，替你拜经、拜忏。这样的功德多大啊，跟在寺院做佛事有得一比了。因为这种佛事不是说做一次两次，是一直做到这台机器坏了为止的。这是在哪一个寺院的佛事也不可能做到的。

所以，如果一个功德主买几台、几十台、几百台机器送人做功德都是非常值得的事情。因为一台机器价格不高，要用到坏，这期间一直在为你做佛事。几个人、几十个人、几百个人一直在为你忏悔、求愿，这个力量多强大啊；而且不是说这个佛事做几天，这个佛事可能是几年、几十年，一直会为你做下去。

所以，自己现在征集拜经、拜忏机器的功德主，希望你们多发心，多供养，多赠送。因为这佛事的力量非常强大，加持力非常明显，甚至胜过进行放生，或者到寺院做佛事的功德。

所以，有需要求忏悔、求愿的人，可以多买一些送人。这是真正自利利他的菩萨道。对于自己来说，是为自己做了加持力很大的求忏悔、求愿的佛事；对于拜经、拜忏的人来说，还进行了布施。所以，这样的佛事自然是诸佛生欢喜，龙天降吉祥，有求必应。

-⚘ 拜经助禅七圆满 ⚘-

目前法眼寺的禅七已经过了 150 天。这次禅七锻炼了很多人。尤其是在腿子疼方面，很多人在禅七中过了腿子疼关。当然有的是一两个七下来就基本接受腿子疼了，有的人是在三五个七之后基本不疼的，有的是过了七个七之后坐一个半小时不疼的。因为大家的基础不同，有的是以前有过打七的基础，有的是没有打过七，有的甚至是没有打过坐的人在这里都得到了克服腿子疼的锻炼，各自都有一定的收获。当然也有的人因为时间短，在下山的时候腿子还在疼中，如此等等，各种情况不一而足。

　　但是大家的共同特点是通过在这里禅修，腿子疼得到了一定的好转。这从禅堂里的情况是可以看出来的。长期在这里打七的就不说了，短时间在这里打七的人就可以很明显地看出结果。因为禅堂里面不设监香，而大家都安静地坐在里面，没有人翻腿子，没有人逃香，也没有人在座上睡觉。

　　当然这三点是自己对前来打七的人的要求，只要做到不翻腿子，不逃香，不在座上睡觉，不管你用什么办法都可以。因为这是自己最初第一次打七时对自己的要求，只要实现这个要求，腿子基本就没有问题了。事实上，能做到这三点不容易，严格做到的人并不多。

　　那么为什么在法眼寺打七的人基本上都能做到这三点呢？这是因为在禅七期间教大家多忏悔——拜经的结果。有的人是分出完整的时间去拜经；有的人是利用行香和别人休息的时间去拜经；有的人是一感觉不对劲儿就去拜经。这样他们的业障得到了一定的消除，腿子疼的问题就不那么严重了。甚至有的人身体感觉不好，通过拜经好起来了，这样的情况很多。所以，拜经帮助了这次禅七的圆满。拜得多的人有拜了十万拜的，无论拜多拜少，特点是大家都得到了拜经的好处。

拜经、拜忏为什么会有这么多的好处？从修行的角度来说，忏悔业障是任何法门的必由之路，而拜经、拜忏就是很好的忏悔方法。另外佛教修行的八万四千法门都是要你修专注力，拜经、拜忏很明显是一种修专注力的方式。所以，通过拜经解决腿子疼的问题是理所当然的事情。

从另一个方面说，拜经算是一种比较粗的复杂的用功方式。复杂的用功方式很容易入门，适合没有什么禅修经验的人使用。因为做比较复杂事情的时候容易调动身体的积极性。何况在拜经的时候是全身心地运动，根本没有时间来打妄想了。而且，粗重的烦恼一般是来自与外界的敌对或者说是对抗，所以感觉在烦恼粗重的时候，通过拼命拜佛或者拜经、拜忏，能够把所有精力消耗干净，这样就没有对抗的体力了。通过这样的方式来消除与外界对抗的心，虽然是被动的，但却是非常有效的方式。

腿子疼是一个最典型的粗重烦恼，而且这个粗重烦恼已经深入到了肌体里面。在这个粗重烦恼还很严重的时候，借用拜经消除，并由此慢慢进入消除微细烦恼的过程，这是非常适用的。

第七章

对话明一法师

-&8 发现禅宗真味 ℅-

导语：明一法师出身于中国禅宗祖庭四祖寺，师承净慧法师，继承了千百年来的禅宗风范。今天（2013年4月12日）请明一法师带我们走进禅宗，走进千年来流淌在国人血液中的中国禅宗思想。

艺术周刊：明一法师您好，中国人对于禅可以说是非常熟悉的，我们生活中会把某些意境说成"禅意"，自古也有"禅茶一味"之说，但是很少有人能够将禅说清道明，到底什么是禅呢？

明一法师：如果单从用功的角度来说，禅就是"心一境性"——你的心只有一个境界，也就是所谓的自心一体。

从广义上说，《金刚经》里须菩提问佛应如何降伏其心？就是因为我们管不住自己的心。禅修有两个敌人，一个是昏沉，一个是掉举。昏沉就是困乏、瞌睡，掉举就是胡思乱想，导致我们的心不能"一境性"。如果你能够长期保持一个状态，那么你的禅修也就到达了所谓的"心一境性"，也就是禅。如果从这个角度延伸来讲，你一心一意玩游戏是一境性，一心一意听话是一境性，一心一意思考还是一境性，所以这样说来遍地是禅，无处不是禅。中国的古话说"三百六十行，行行出状元"，那么如果要在行业里面成为"状元"，就要专注自己的行业，也是心一境性。

净慧老和尚提出的"生活禅"理念就是：认真扫地是禅，认真做饭是禅，认真睡觉是禅，洗碗是禅，劈柴是禅，挑水是禅，当你的心安住在当前所做的事情中不去胡思乱想，那就是禅。

艺术周刊：看来禅在生活中真的是无处不在，那么禅这个概念在佛陀的时代是怎样被阐释的呢？

明一法师："禅"是梵文"禅那"的简称，"禅那"翻译成中文的意思是静虑、思维修。佛陀时代的出家人在修行过程中，每天除了托钵乞食，聆听佛陀的讲法，其余的时间都是在"忆念"——回忆佛陀所讲的内容，也就是静虑和思维，这种有序的思维被称之为禅那。

现在很多事业成功的人时间安排非常紧凑，不可能像我们出家人一样每天用很多时间打坐，我就建议他们如果实在非常忙，可以每天早上上班前拿出五分钟的时间静虑，将这一天要做的事情在头脑里面思维一遍，这也是禅。

如果要描述禅，《大势至菩萨念佛圆通章》中讲："都摄六根，净念相续，入三摩地，斯为第一。"按照净慧老和尚的话，禅就是专注、清明、绵密。

艺术周刊：禅宗在中国是非常兴盛的，也一直被学佛者青睐，那么法师可不可以帮我们讲解一下禅宗与净土宗、密宗的区别？

明一法师：如果要比较这三种宗派的区别我并不是权威，只能用戏论的方式，来描述这三种宗派的区别。我们学佛希望能够觉悟了生死，这一觉不要睡过了头，学佛就是希望在生死的沉睡中能够有一个觉醒的 morning call（闹钟），三个宗派不管哪一种方式都是为了把人唤醒，只是方式不同而已。

在禅宗来说，好比是只响一次的闹钟，响过之后就不响了。学人要根据自己的能力选择禅宗，不要光看到禅宗的自由和活泼，更要知道修禅宗风险很大，因为很有可能被错过。因为禅宗一切要靠自己，没有极其坚强的意志和刻苦的精神以及深厚的基础是很危险的。

净土宗就很保险，所谓万人修行万人去，为什么呢？因为万善同归，只要心念阿弥陀佛念念不忘，就能九品往生。这就好比一个响个不停的闹钟，只有当你醒后闹钟才会停下来。也许很多人不愿意这样的叫醒方式，但是不管你愿不愿意，这是最保险的方式，它能保证你醒来。所以修净土是最保险的方式，这在开悟的祖师身上见到很多。最有名的算是永明延寿禅师。

密宗的比喻很有意思，也用一个叫醒方式来比喻的话就很难比喻清楚。因为秘密的原因，所以无法说清楚。最简单的一种可以这样说，这是一个会喷水的闹钟，到点它响了。你起来了把闹钟关掉，要不它还会再响，再响的次数达到一定的数量后你还不关的话，它就会把里面的水喷出来，从而把你叫醒。当然这只是一种比喻，还有很多种情况说不完，所以也不想多说。

我自己现在修行的状况，实际上是禅净双修。虽然很喜欢禅宗的自在和活泼，但是心里深深存有恐惧，很怕因为狂禅而耽误了自己。永嘉大师说："豁达空，拔因果，茫茫荡荡招殃祸。"这在历史上有很多的前车之鉴，即使是在后来开悟了的祖师身上，也见到很多开悟前的曲折。

艺术周刊：我们世间人做事难免会有一些功利性的目的，那么学禅有什么好处呢？

明一法师：首先，禅修可以让我们体会到真正告别孤独与寂寞的乐趣。学习禅修的人，还没有入门时忙着打坐，希望功夫能够上路；已经入门的人，忙着打坐，希望功夫更上一层楼；会掌握自己的人，忙着打坐，步入常独行，常独步，达者同游涅槃路的境界。所以，他们总是时间不够用，感觉时间很快就过去了；同样，他们感受的是日子很好过。这在祖师的语录里面有很多，比如人们问大梅法常禅师，"你住山多长时间了"，大梅法常禅师答，"只见四山青又黄"，如此等等很多例子。

其次，禅修有助于专注力的提高、现实生活中的烦恼减少。这些很快就能体会到的好处是如何产生的呢？这些问题只要有过禅修体验的人就会知道。因为在禅修中，我们体会到了另外一个世界，一个安静的世界。在这个安静的世界里，我们学会了很多很多。因为禅修是需要安静的，当我们从浮躁的世界进入安静的世界以后，我们能体会到很多在浮躁世界里体会不到的东西，我们会在这个安静的世界里发现平时难以察觉到的问题，比如秒表的滴答声是如此的响亮，比如我们呼吸是如此的粗糙，比如我们的心是如此地难以收摄。

当我们发现了这些平时难以发现的问题后，就会想办法去对治它。如何去对治它就是禅修中所使用的功夫，利用这些专注的用功方式去对治这些心浮气躁，去忍受这些无聊与压抑，去想办法解决身心的困扰，去与自己平时感受不到的困苦做斗争，去调整自己的身心以转化这些烦恼。

当我们在这样严酷的环境里还能坚持下来以后，回到现实生活中就会发现，现实生活中的问题是如此的简单，稍微用一些在禅修中对治烦恼的方式就可以解决问题，从而在现实生活中得心应手：知道在现实生活中要如何去忍受无聊与压抑，知道在现实生活中如何去想办法解决身心的困扰，知道在现实生活中如何去调整自己的身心以转化这些烦恼。

这是从禅修要对治比现实生活中更严酷的环境来说的。在这样的环境里，能够感受到禅悦快乐的话，那么自然就会知道如何享清福，自然会知道如何处理现实生活中的事情，自然会从烦恼的枷锁中解脱出来，自然会成为快乐的修行人，从而走向自利利他的菩萨之道。所以，佛陀说："一切功德皆由禅定出。"

上面所说的还只是禅修带来的一点点好处，其他的好处可以说举不胜举，是说不完的。因为，禅修对于我们佛子来说，最大的好处是能够让我们开悟，让我们步入解脱生死之道，让我们走向自利利他或者说是觉悟人生，奉献人生的菩萨道。明白了这些，我们就会对禅修更加欢喜。这是解脱生死的重要途径，是我们庄严佛土，利乐有情的手段。即使是在目前佛教还没有普的情况下，仅仅是上面所说禅修中的"副产品"，就能利益眼前的众生，帮助眼前的苦难众生解决一些问题，使他们得以脱离烦恼之苦，步入完美的人生。

艺术周刊：很多人会把坐禅与神通拉上关系，那么坐禅与神通究竟有没有关系呢？

明一法师：在讨论神通问题之前我们首先要知道，神通是什么？神通是人类捕捉不定的一种状态，这种未知领域，人们把它定义为神通。科学如果能够解释清楚这些事物的话，我们就不会说什么神通了。如果我们还有什么解释不清楚，量化不了的话，说明处理或者解释这个事物还存在缺陷。认真努力的人就会努力去量化、去研究，愚蠢或是懒惰，甚至是不负责任或者是黔驴技穷的人，就用神通一词敷衍了事。

我们总是认为眼见为实，所以往往忽略眼睛看不到的现象。你看不见电，但也从来没见过你往电源插座里面插手指头；你没看见过无线电电波，可你从来不怀疑手机的实用性。所以，看不见的东西并不全是不存在的。应该知道我们的智慧是如此的幼稚。

如果在三百年前你说有无线电波存在，那么你将成为具有广大神通的人。所以说，神通只是一个名词，是一个因为我们的智慧不足以解释现象的时候，使用的一个代名词而已。这个名词不但是在佛教里面存在，在古代的时候需要，即使是在现代也是需要的。因为现代科学还不足以解释一切的现象，所以，神通这个词还会被现代的人所使用。

现代的科学技术不但可以让大家坐飞机升天，还可以让宇宙飞船脱离地球的引力到达其他星球，甚至脱离太阳的引力去探索太空。将来我们的科学技术，还会创造出超过第三宇宙速度的飞行器飞出银河系，到达银河系外的星球。到了那个时候，我们就能乘着宇宙飞船到达极乐世界。就像《无量寿经》记载的那样："佛告阿难。汝起更整衣服合掌恭敬。礼无量寿佛。十方国土诸佛如来。常共称扬赞叹彼佛无著无阂。于是阿难起整衣服。正身西向。恭敬合掌五体投地。礼无量寿佛。白言世尊。愿见彼佛安乐国土及诸菩萨声闻大众。说是语已。即时无量寿佛。放大光明。普照一切诸佛世界。金刚围山。须弥山王。大小诸山。一切所有皆同一色。譬如劫水弥满世界。其中万物沉没不现。滉漾浩汗唯见大水。彼佛光明亦复如是。声闻菩萨一切光明皆悉隐蔽。唯见佛光明耀显赫。尔时阿难即见无量寿佛。威德巍巍如须弥山王。高出一切诸世界上。相好光明靡不照耀。此会四众一时悉见。彼见此土亦复如是。"当时是靠佛陀的神通，让大家到达极乐世界。

佛法中其他有关神通的记载，现代科学也证实了很多很多。比如《佛说入胎藏经》记载了很多有关我们是如何受孕、处胎等的情况。比如我们说得最多的"佛观一钵水，八万四千虫"的偈子，没有现代的显微镜我们不知道还要迷惑多长时间。

从佛教的角度来讲，神通有三明六通——宿命通：可以知道所有人的前世；天眼通：能看到世上的一切力量；漏尽通：能消除一切烦恼，领悟一切；天耳通：能听到和分辨一切；他心通：能知众生心想；神足通：变化自在往来，上天入地皆可身随意到，无物可阻。除了漏尽通不容易得到之外，在中阴身就自然五通现前。反过来说，我们为什么没有神通，就是因为有了这个色身，那么如果修禅是为了神通的话，还真的不如去抹脖子！所以佛教是坚决不提倡神通的。我也曾经迷恋于坐禅的定力，但是净慧老和尚呵斥我说："你定力再好又怎么样，我窗外那块石头十几年都没有动过！"与其追求神通，不如把精力用在修行上，由定生慧，使自己最终达到佛陀的漏尽通。

后记：明一法师师从当今禅宗泰斗净慧法师。在闲聊中，明一法师形容自己是一个追星族，追逐净慧老和尚这颗星。老和尚让明一法师建立了对佛教的信仰，并最终踏上出家这条路。明一法师很谦逊，他说自己还在学习中，做事写文章也只是完成老和尚布置的作业。像明一法师一样学识广博、紧跟时代的法师们作为佛教界的中流砥柱，正在中国佛教界渐渐扩大着影响，利用自己的知识和魅力让更多的人认识佛教，了解佛法。祝愿那些即将踏上或已经踏上中国佛教弘法之路的法师们，吉祥圆满。

新浪佛学频道微访谈

中国禅宗，始于菩提达摩，盛于六祖惠能，中晚唐之后成为汉传佛教的主流，自古与中国传统文化结下不解之缘。2013年9月9日下午15：00—16：00，新浪佛学频道特邀法眼寺监院、临济宗四十五代传人，《与祖师同行》《禅踪》作者明一法师做客新浪微访谈，畅谈禅宗的修行，带您走进禅宗的世界。

嘉宾介绍：明一法师
主持人介绍：新浪佛学频道官方微博

明一法师：我的微访谈"明一法师谈禅宗的修行"开始了！今天我会在微访谈中跟大家聊天，访谈时间是 15：00—16：00，快来提问吧！访谈地址：http：//t.cn/z8xN9SP。

新浪佛学：临济宗第四十五代传人、《与祖师同行》《禅踪》作者明一法师新浪微访谈即将开始，法师将带大家走进禅宗的世界，与大家畅谈禅宗的修行，大家准备好了吗？欢迎踊跃提问和互动。

明一法师：感谢大家和我一样喜欢禅宗，希望大家多多关注！

明一法师：我现在在黄柏山法眼寺，山上网络不是很好，希望大家谅解回答速度。

hit_zhang：阿弥陀佛！请问师父，我们要为自己活，还是为别人活？

明一法师：当然是为自己活！但是要想最好地为自己活着，就要学会为别人活着！

空有余温扰人心 ___：顶礼法师！请问法师，每天早课、晚课时，在诵经过程中有时突然就会有一种不好的想法冲到脑海中，请问该怎样消除这样不好的东西？打坐时，时间一长腿部会发麻，应该如何处理？

明一法师：把自己的注意力抢回来，抢回到现在要干的事情上面来。这也就是禅修要达到的目的。

耘娘小记：顶礼法师！打坐时心静不下来，用什么方法来调伏？

明一法师：和前面问题回答的一样，抢回你的注意力！

空有余温扰人心 ___：请问法师，弟子已经有八个月吃素，但因为工作的关系，不得已要杀生，但不是我所意愿，应该如何？

明一法师：忏悔！

柳亭松：法师您好！二十多岁的我却时常考虑死亡的问题，死后我们会去往哪里，一想到便是惧怕。请问您如何看待生死？如何才能摆脱对死亡的恐惧，摆脱对生以及其他幻想的欲望？如我等凡俗想修行，又该从何开始？感恩法师！

明一法师：生死问题是大家都要面临的问题，你现在提前准备很好啊！如果学会了佛教的平等，那就解决了生死问题。因为一切的二元对立是假的，你会了平等就没有了生死问题。所谓至道无难，唯嫌拣择。不拣择了就没有生死了！

幼儿园中的么么茶：顶礼法师！问题一：本人在打坐中时而念佛，时而观念头，时而观空（观物），都能坐一个半小时，请问法师，是选定一种方法还是继续这样呢？问题二：打坐中的监督者，是第六识还是第七识？问题三：采用哪种方式有利于坐中或生活中证得念佛三昧或证得空性呢？

明一法师：要一种方法用到底，不要随便换来换去。禅宗中所谓老鼠啃棺材就是说这个。当然是第六识，所以不要去监督自己，只管用功！

辉baoerM：明一法师您好！我在工作和学习中，总是很散漫。比如早上本来想要做的事情，但总是东一下西一下，或者按照平时的习惯，先把其他无关紧要的事情做了（浪费时间），才着手做原本想要做的事情。总是这么散漫，该如何克服呢？

明一法师：欠打不是！请个人督促你，这是很奢侈的啊！

你是我的太阳cc：顶礼法师！我学佛一年多来，放生吃素，体重下降20斤左右，周围的同事喝酒吃肉肚子见长，体重上升，大家还以为我生病了。周围的同事、领导都不信佛法，甚至对佛法抱有偏见的情况下，如何做到随缘不变，不成为大家眼中的另类？

明一法师：《普贤菩萨行愿品》的第九大愿就是恒顺众生，先顺别人来吧。要不你又把佛教另类化了。你记住要想让别人学佛的最好办法，是把你学佛之后的好处展示给他们，你学佛要是越学生活工作越糟糕的话，真的是把佛法抹黑了！

阿蕾妮：明一法师，我是一个脑力工作者，但是半年来经常感觉注意力无法集中，头脑昏沉，也坐禅数呼吸，但是效果并不见佳。请问明一法师，如何修正？应该诵哪部经？阿弥陀佛！

明一法师：诵经拜忏都不错，但是打坐更好！你坐得不够多，数息时间肯定不够，不然不会用"也数……"这样的字眼。可以继续数。欢迎到法眼寺来跟我们一起数！

黄尹 2010：禅宗修行如何在国外普及？不同地区的宗教基础不同，是不是应该采取不同的策略和切入点？

明一法师：当然是应该这样。不过我认为现在中国自己普及还不够，先弄眼前的吧！

如意海 2010：禅修的最终境界是什么？空性？

明一法师：平等！所谓涅槃简单来说就是一切的二元对立统一了。希望我们早日证得真正的平等！

白马费浚泓：禅在当下如何面对现实中无法回避又无法解决的问题？

明一法师：硬着头皮上！因为一切是平等的，我们感觉难是因为我们现在还有一个不平等的心，当你平等了，就不用硬着头皮上了。比如有人问我他有一百块钱是捐给佛教好还是捐给希望小学好？我只好硬着头皮回答，谁先向他要，就捐给谁。

白马费浚泓：遇到社会中善恶不分，甚至是以恶为美，如何能将心态放正呢？

明一法师：我今天的博客内容就是"就修一颗糊涂心"。这难啊！因为一切是平等的！我们现在有善恶心是因为我们没有觉悟，当我们觉悟了，我们就能接受一切了。事实上，我问你，你能找到一件全是坏的事情吗？你是找不到的，同样也找不到全好的事情，那有什么事情非要执着呢？！

野渡有人舟自横：师父当初是怎么想出家的？师父怎么协调出家和在家的生活？师父怎么看待基督教和中国其他

文化?

明一法师：因为好玩才出家的！很多人不相信哦，呵呵。管他呢，我信佛后就决定出家了，也正好可以出家了，就出家了。你可以看看我的日记"信心的来源"有讲的。只要有信仰都是很好的。记住平等心！

贤冷：师父好，现在好多高校也都有了禅学社一类的社团，对这些社团的发展，您有什么建议吗？

明一法师：在完成本职工作的前提下多多开展活动。任何事情都是有意义的，所谓功不唐捐。

贤冷：师父好，禅宗分顿悟法门和渐悟法门，现在是末法时期，众生的根基是不是比较差？是不是渐悟修行比较好？望师父慈悲解答。

明一法师：当然是！不过不要悲哀，因为祖师在一千多年前就已经在说"人心不古"。呵呵。只要我们迎难而上，我们就"破古"了。我有一句话叫："不要感觉自己比别人矮，那是因为你跪着，站起来就和别人一样高了！"

龙宇 THU：如何在大学生活的学业、情感、社工和求职面临的问题中落实生活禅？

明一法师：落实平等心就可以了。记住没有什么事情是需要执着的。同时记住不要浪费时间和精力，要多学、多干、多玩、多吃、多……

abcdefghijklmn 的世界：为什么您说"一念未生以前是话

头"？强行看住话头和作意止念的区别是什么？

明一法师：就是我们的妄想。在用功还没有上路的时候都是作意。但是，我们的作意越深刻，我们的妄想就会越少，因为你的心只有一个。所谓此消彼长。

空有余温扰人心 ___：请问法师，《印光法师文钞》上讲的九界是哪九界？点酥油灯一天24小时点吗？有师兄说晚上点会不好，有这说法吗？

明一法师：很抱歉，我没有看过九界。不过我们有三有、九有、二十五有之说。一天24小时点要花很多钱，这些钱是你自己供养的吗？不用这么纠结吧！

眨巴眼3：关于无我，互联网上宣说的使我疑惑。请问法师：假设无我的话，对于现在的我来说，谁在问您问题？对于您来说，谁在回答问题？对于研习佛学的人，又是谁在学佛、念佛呢？

明一法师：呵呵，这是俗谛与真谛的问题。俗谛当然有我，真谛要知道我是假的！

芄麦：数年前因台湾灵鹫山基金会禅堂项目拜访过四祖寺，请法师讲讲寺院的禅堂在如今禅宗修行中的作用和地位。

明一法师：欢迎！很重要，可惜太少了。我希望能够建立网络禅堂，我认为这是新时代的敦煌。欢迎阅读我的有关"网络禅堂"的文章。好像不少哦，有二三十篇之多。

广焰：学佛真的可以成佛吗？西方极乐世界真的可以去吗？

怎么看待现在社会上的学佛和出家？

明一法师：先要知道佛是什么？佛是觉者，所谓觉悟的人，你能觉悟吗？觉悟了就成佛了。西方极乐世界有两个，一个是自性极乐，一个是物理上可以找到的，这在《华严经》里面有描述。你有兴趣可以看看我的"自性物理两极乐"一文。出家是专业的，你喜欢专业还是业余？

兰枫 SW ：法师是否可以讲一下打坐的心法？

明一法师：这个问题太大了，简单讲就是抢到自己的注意力。你要是初学可以看看我的教打坐录像，要是老手，你自己应该会的！

Interpreter 习习：顶礼师父！请问师父如何看待"白衣讲法"？

明一法师：没有时间看啊！我想再看一遍《大藏经》都没有时间呢！不过你问了还是回答一下吧。天底下没有全好的事情，也不会有全坏的事情。赵州和尚说："老僧只管看！"

萧云子：禅宗是佛教中与中国文化最融合的宗派，除了修行本身外，也提倡很多中国式的修行方式，随着历史发展，生活方式也发生了很多变化，现在修行禅宗，如何与当今的快节奏生活相融合？

明一法师：现在的节奏快吗？再快点更好吧！当然慢有慢的好。想快就快，想慢就慢。不要那么纠结，努力，努力，再努力！这是我鼓励自己的。

萧吟清：禅宗五家七派宗风各异，如何知道自己的根器适合修哪一宗？

明一法师：可怜啊！现在基本没有区别了！我们现在参念佛是谁？实际上是临济和曹洞相结合了，而藉教悟宗又是法眼宗的。呵呵，我是三个一起上，外带发愿往生西方极乐世界。惭愧！所以以前有人问我修什么法门，我想半天才发现自己是修"随众"法门！

萧吟清：打坐时容易昏沉怎么办？

明一法师：佛对目莲讲过《离睡经》，不过没有什么特别的，还不如我们现在的万金油、风油精管用。还是要靠自己的意志力！

萧吟清：什么是禅宗的"参话头"？

明一法师：实际上与古代祖师的"看心"是一回事。这只是宋朝的大慧宗杲祖师一个换汤不换药适合当代人的办法，我的日记里面讲过的，不好意思的是我不记得日记名字了。

我不是麦麦兜：请教法师禅宗有哪些修行法门？

明一法师：很多啊！《禅关警策》里讲过一些。八万四千种，太多了！这里讲不完。

乖乖王语晨：无法双盘者打坐可以用单盘或散盘的姿势吗？

明一法师：当然可以！打坐是要抓住自己的心，不是要好看，要好看的话找个模特来坐。

零摄氏度：上班族适合修禅宗吗？有劳明一法师解答。

明一法师：当然适合，只是不能专业。我常常教人上班前静坐五分钟，把今天要做的事情过一遍。这种不究竟的打坐方式尽管是我们称为的"打妄想"，但这也是你们苦命上班族的一个简单禅修过程吧！

鸣妈：打坐时腿出现酸麻疼痛怎么办？

明一法师：忍！不理！我有一本教禅修的书叫《不理》。

萧吟清：可否请法师给大家简单介绍一下法眼宗的宗风特色呢？

明一法师：华严六相：总、别、同、异、成、坏和藉教悟宗。

慧远居士：顶礼明一法师！作为普通学佛人，在工作和生活中，禅宗有什么方法可以修行？

明一法师：专注于做当下的事情，所谓吃饭认真吃，睡觉认真睡。

清净究竟：无我，我无，即为禅？对否？

明一法师：没有听说过啊！禅的特点是心一境性。

牛B新哥：顶礼上师！请问俗人皈依三宝后是否不能食肉，只能吃素？

明一法师：没有啊，皈依是信仰定位在佛教上，其他宗教的活动和内容可以参加和研究的。吃素是对我们出家人的要求。

新浪佛学：感恩明一法师的精彩开示和互动，感谢大家的提问，为了让更多网友得到交流机会，本次访谈时间将延长半个小时，到 16：30 结束，大家可以抓紧机会继续提问。

愿入佛知见：顶礼上师！请问：知见立知，即无明本；知见无见，斯即涅槃。邪见要空，就连正见也要空，空亦要空，无空无无空，无见无无见，那最后落得个如何下场？本人不明，也只能真信切愿念佛求往生，求上师大慈大悲，开示晚辈。

明一法师：呵呵！平等两个字已经是眉毛扫地了！念佛求往生是对的！

明一法师：谢谢大家的关注！希望以后会有更多的机会和大家结缘！

法眼寺耀品：顶礼师父！请问师父，这幻化法界，人、环境、人与环境的互动，无论物质的还是精神的，一切都是假的，就连佛性、自性、空性都说是假的，那请教师父什么是不变的，真的？是见性吗？是师父曾说过的"觉的能力"吗？谢谢师父！

明一法师："觉的能力"也是假说。有说都是假，但是我们又要依靠假来修真，所以只是比喻而已！

thinkpub：法师，有可以禅修的场所吗？我想安心参禅悟道。

明一法师：欢迎前来法眼寺：电话：0376-8135229。

互联网营销评估：顶礼师父，请问数呼吸到若有若无时，要怎么继续？

明一法师：更加认真和专注！

THE POWER *OF* TOLERANCE AND PATIENCE
忍耐的力量

愿入佛知见：请问法师，禅宗讲明心见性，如何证悟不生不灭，如如不动？

明一法师：难！平等无二！

青年抗日救国会酒死一生：人死了是不是像大树一样有生命呢？

明一法师：欢迎看看我的有关"觉的能力"的日记。树比我们差远了！

liuzhang31：日常如何如法禅修？

明一法师：把本职工作做完后抓紧一切时间打坐。

空有余温扰人心 ＿：请问法师，什么是三有？什么是九有？什么是二十五有？不懂。请法师开示。

明一法师：百度！

清净究竟：礼敬法师，请赐教：众生实体为何？叩谢！

明一法师：众生实体！

阿凡慢：汉传佛教清末以来，谁明心见性并得到印证了？古时除佛外凡明心见性皆须大德印证，才能自肯并得公认，该大德也如此，这才有道统的维系。现在若有，我想至少应能往上推七代，且代代要有悟道因缘和印证的简要过程，才让人信服！

明一法师：灯录是宋朝的，嘉兴藏有些补充。以后的灯录你发心来写吧！

行者悟寂：法师好，打坐要抢到自己的注意力，但老是抢了又丢、抢了又丢怎么办？

明一法师：要是抢到不丢你就不用打坐了啊！我们干的就是这个。

奶牛的愿望：顶礼法师！请问法师佛家如何看待同性恋这个群体，我记得曾经有位叫什么上人的大师的一本书上说同性恋是违背天理的，请问法师您是如何看待的呢？

明一法师：冤亲都是债主。

Kay-kay 小小猫宝：我爱面子又爱说谎，又败家。曾经遇到一位大师，让我念金刚萨埵咒。后面是好了，可是说谎的习惯还是在，如何改正？

明一法师：努力改！

空有余温扰人心 ___ ：请问师父，净宗与禅宗有何区别呢？是心是佛，是心作佛是一样的，但在其他方面有何区别吗？

明一法师：一个发愿往生西方，一个不要求发愿。

行者悟寂：法师好！学佛多年，体会到很多佛理的正确性，但一直不能体会到佛说"时间和空间是假的"这个理。请教法师，怎么体会时空的虚幻性？

明一法师：我记得有一篇日记叫"妄想世界余晖喻"，主要讲我们是如何被骗的，你可以看看，或者是我们见面聊聊。

愿健康时刻相伴：代网友天语提问：有开悟的修行方法参考吗？

明一法师：灯录里面全是啊！

奶牛的愿望：顶礼大师，我是个打工者，同时也是信徒，并不经常换工作，可是近来的找工作历程让我备感浮躁，眼见时间一天天过去，心里更加着急，以往心绪乱时，在礼佛过后心灵会得到平静，可这一次明显感觉作用不大，该如何调整到平静呢？

明一法师：浮躁的表现。任何工作深入去做就像禅修！很丢学佛人的面子哦！

无念行 27：顶礼法师！请教您打坐腿难受得很厉害时，是换腿子还是忍着？

明一法师：忍着！

黄海一叶舟：请问法师，在静坐中很烦躁或是很昏沉如何对治？一般初学静坐多长时间比较合适？晚上睡前和早上凌晨静坐，是否有优劣？

明一法师：抢到你的注意力，越长越好！最好一天坐 24 小时，努力吧！

黄海一叶舟：法师你好，请问法师在静坐中是否可以观想？眼睛是否可以睁开？

明一法师：都可以。

善慧 1964：请问师父：打坐暂时不能双盘，单盘可以吗？双手相叠放在哪里呢？有人说男众放在丹田，女众应该放在丹田上面，到底该如何安放呢？

明一法师：你看看我的教打坐录像。

愿入佛知见：我是个傲慢的人，又很狂妄，不知如何用禅宗来降服自己，求大师点化。

明一法师：有钱的话就请个人管自己！禅宗就没有钱，要求你自己管自己。

法眼寺耀品：顶礼师父！师父能否简单开示一下奢摩他、三摩钵提、禅那三种修行方法的区别。谢谢师父！

明一法师：由止入静，由观入静，止观双运入静。

张欣竹 cream：顶礼法师！请求解惑呀。之前听到一个说法，"若真修道人，不见世间过"，可学佛的人说随着不断精进看问题会越来越通透，如果是这样，不是更容易看到"世间过"了吗？平时生活中，感觉别人做得不对，应该怎么办？

明一法师：真俗二谛的问题！因为平等哪有过可看！所以佛教叫："善能分别诸法相，于第一义而不动。"

安妮的闲置屋：法师您好，我最近接触佛学，听说打坐对心灵和身体都有好处，只是老胳膊老腿的盘不到一起去呀，怎么办？

明一法师：抓住心坐。先能坐得住再说！坐久了就软了，就能盘了。

新浪佛学：感恩明一法师的精彩开示，感谢法师在百忙之中抽出时间和网友交流，也感谢各位网友的关注和参与。今天的访谈即将结束，让我们一起期待下一次的交流！

（网友的问题不断涌入，无法结束。）

西樵：1. 怎样才是开悟呢？ 2. 怎么证悟？ 3. 怎么断习气？

明一法师：和回答问题一样：好难！修呗！

月光拨开云：明一师好，年初跟您学过打坐，是《不理》《与祖师同行》的受益者，闲暇时会看一些经书，慢慢就发现自己不吃肉了，这跟打坐有关吗？家人问我怎么回事我也说不清楚。

明一法师：吃素是时尚啊！与打坐没有关系吧！

戒定慧 2013：顶礼师父！自己在家恭敬三宝，礼拜观音菩萨，但总觉得怕不如法，在家居士拜佛念佛是否有仪规？如何才能做到如法？感恩师父开示！阿弥陀佛！

明一法师：认真加恭敬就如法了。

断月之光 will：明一师好。分不清两边与两面。

明一法师：问问语文老师比较合适！

张思远 QG：请问未皈依的人诵经也要持戒吗？面对诵经时有时杂念较多该如何处理？

明一法师：诵的时候自然就持了啊！认真加专注！

辉 baoerM：在打坐的时候，左手托右手，和右手托左手，有什么区别吗？意义和说法有什么不同吗？

明一法师：好像有！不过我们现在天热把手掌放在竹板上。

西樵：什么是生死关？怎样破生死关？难道临终那最后一口气是生死关吗？

明一法师：每一个念头都是！

hit_zhang：顶礼师父！要如何冲破枷锁，而走向出世间？父母希望我们尽仁孝，我们却希望尽大孝，当有冲突时，要怎么办？

明一法师：表现出你的决心！然后慢慢告诉父母出家的意义。最后，也是最重要的是你要努力有成就，父母自然就认可了。不然你努力的一切对他们都没有意义。

于皓全：大师你好，什么是最简单的修行？

明一法师：认真做手上的事情。

湖山畔：藏密最高境界指导思想和禅宗是一样的吧，对不对？

明一法师：应该是一样的吧！成佛！

清净究竟：礼敬法师！请问贵寺具体地址，我有缘要去参访。

明一法师：湖北、安徽、河南三省交界处，隶属于河南省商城县长竹园乡黄柏山。坐火车到麻城上来最近。

清净究竟：本无我，本有我。

明一法师：你的问题我都回答不上来。

空有余温扰人心 ___：顶礼师父，我自己在家恭敬三宝，供养观世音菩萨，我已经吃素了，但我有时吃肉边菜就拉肚子，这样就不如法对吗？我在佛前发愿度众生，但有时感应有众生来了以后，就会生病一样，我又没有师父教，这样对吗？请师父开示。

明一法师：好复杂啊！先把肚子治好再说，不要想那么多啊！

新浪佛学：再次感恩法师的精彩互动！今天的访谈到此结束，感谢大家的关注和参与，让我们一起期待下一次的交流！

明一法师：下了。谢谢大家！

备注：结束时间 2013 年 9 月 9 日 16：48。来自微访谈，共回答了 85 个问题。

第八章

居士问答

◇问：学佛成就的人是一种什么样的状态？

◆答：像弥勒佛那样，大肚能容，一切接受，所谓"老僧一口吞却。"这样一来，所有的二元对立都变成了统一。好与坏，悲与喜，是与非，健康和疾病，大家都受不了的人和事，通通接受，最后连死也接受，因为死后的生命形式，只是换个色壳子，明白这个道理，就能超越生死，这就是涅槃。

这在佛法里被称为平等智，平等智是一种最大的智慧。禅门三祖僧璨大师《信心铭》中开头就说："至道无难，唯嫌拣择。"一切烦恼都来自于拣择，可我们大多数人80%的时间都用在拣择上了，如果不拣择，而是接受，然后好好去努力，去改变，那等于我们的生命增加了4倍，可以活到500岁。

我还告诉大家一个做人最好的方法，那就是"没心没肺"，呵呵。我们平时总在造善造恶，结果不断地随着善业和恶业的牵引在六道中轮回。如果心不附物，对事不对人，心里面"业"的刻痕就越来越少，直到没有。

◇问：我们自己在家能坐禅吗？

◆答：当然可以，关键是要坚持，一开始做功夫不要坐得太紧，太紧了就会出现一些境界，要是不会处理就麻烦了。做功夫不要太猛，一天坐禅不要超过五个小时，基本上不会有问题。一天坐五个小时很正常。像北京的赵州茶馆，每次请出家人去坐禅，所谓三日禅，实际上止静时间也就四个小时，上午9：00—10：00，10：20—11：00，11：20—12：00，下午2：00—2：40，3：00—3：40，4：00—4：40，一天六支香，那边主要是坚持得好，时间安排得满满的，经常请法师去讲经、诵经。诵《妙法莲华经》已经五年了。

◇问：我们这边一般都是诵短一点的经。

◆答：对于长的经，一卷一般是一万字，诵一个小时左右，可以每次诵一卷。

◇问：我们自己在家练习打坐的时候，家里没有禅堂，还需要点一炷香吗？

◆答：不用，没有必要。点香的主要作用是让你提神。当然还有燃香达意的作用，但是这是看不见的，我们不宣传。

◇问：打坐之前是否需要念咒语？

◆答：打坐是去除这些外面的东西的，打坐怕的是什么？怕的是出境界。学习净土的，他还盼望有境界，我们是怕你有境界，因为有了境界你就会关注这个境界，最好的情况就是你不进步了，待在这个境界，差的话就胡思乱想，不知道想到哪去了，那就麻烦了。

◇问：请师父开示调五事。

◆答：调五件事：调饮食、调睡眠、调身、调呼吸、调心。饮食、睡眠我们不用多说，晚上不要吃太多，也不要吃太少，不能睡太多，也不能睡太少，每个人有每个人的办法，把自己调整到精力最佳的状态。

第三个是调身，我们有个大坐垫，还有个小坐垫，小坐垫的作用就是垫住我们的尾闾，使得我们的大腿和尾闾在一个平面上，这样坐得最稳。坐下来以后，可以散盘，可以是单跏趺，可以是双跏趺，根据你自己的情况，这些都是身外事，怎么样好呢？怎么样坐的时间长就是怎么样好，因为你坐的时间越长，你的身体会越柔软。就像我出家的时候，根本就不可能双盘，坐的时间长了以后人就软了，身体软了心就软了，所以关键是保证自己怎么能坐得住，就怎么坐。大家明白散盘、单跏趺、双跏趺都可以就行了。盘完了以后，就拿一块包腿布，因为你盘的时间长了以后，身体的毛孔全部张开了，很容易受风，尤其膝盖，所以要包起来，夏天再热，都要拿块毛巾搭在上面，这就是要包腿的原因。然后，手结禅定印，有的人喜欢结莲花印，都可以，怎么舒服怎么来，放的位置也是，想前一点、后一点、提起来一点都行，以你打坐时自己不用费劲去管身体为目的。有的人为了坐直，只是一门心思想着坐直，都浪费你的力气了，不要这样，我们要想坐得漂亮，请一个模特来坐，没必要。我们的主要目标是让自己坐的时间长，又能管得住自己，不是要漂亮。头稍微有一点点含胸，不要太多，含胸太过，时间久了很容易胸闷，当然胸闷的时候你自然也会挺，挺了往往会昂起头很舒服，但过几分钟就累了，你自然就掉下来了，所以都不用刻意，关键的关键，最怕的是你刻意用力去把身体弄成什么样子，那就浪费你的力气了，杀鸡用牛刀，没必要。舌尖稍微顶一点上颚，这样舌根下面会分泌出口水，嘴巴不容易干燥，不容易咳嗽。眼观鼻鼻观心，睁眼闭眼都可以，这就是我们身体的要求。这里面两件事情一定要注意，千万不要违犯，一是包腿布，因为打坐受风就像女子坐月子受风一样很难逼出来，这是禅病，一定要包好，哪怕热也要稍微盖一点；二是什么东西都不要靠，不要靠墙、靠椅背，因为时间长了以后，靠的地方血脉过不去，轻者将来打通的时候会很痛，重则会吐血。

第四个是调呼吸，呼吸有四个状态：风、喘、气、息。风就比如我要你5秒钟从楼下跑上来，你会连呼带喘地受不了，这就叫风相和喘相；我们平常生活中的状态叫气相，我们走路、吃饭等都不会感觉到自己在呼吸，这属于气相；息相就比较难定义了，有龟息，像印度的龟息瑜伽，可以埋在地下好几天没事，我们定义的息相是在你安静地打坐的时候，呼吸若有若无，感觉不到。在我们安静打坐的时候，我们平常时候的呼吸就会听出来，声音好大好粗，就像我们现在听到的滴水的声音，我们现在几乎会忽略它，等会儿打坐的时候就会发现吵死了。随着我们的心越来越安静，我们对外界觉知的灵敏度会越来越高，当你的灵敏度足够高时，别人感受不到的东西你感受到了，你的思维面也更广了，别人考虑不到的你也考虑到了，这在别人眼里就是：哇，这人神通广大，别人看不到的他看到了，别人想不到的他想到了。这就是智慧在观察里面体现出来了。这时候，在安静的环境中，平常感受不到的东西都冒头了，我们要接受的东西比原来要多得多，看你的接受程度怎样，做功夫就在这个地方，在安静中保持接受的心态，慢慢地这种心态铭刻到你的脑门上，铭刻到你的心里面，最后拿到生活中，碰到任何情况都能接受，这个时候你就成就了。

第五个是调心，保持一切都接受的无为法心态，主要表现就是只问耕耘，不问收获，努力只管坐，别在乎它爱怎么样，它爱怎么样随它去。不管它的时候，就一切都接受，只要是这种心态打坐，不可能走火入魔，为什么会走火入魔，无非是你不接受、不喜欢这样，你要对抗，它才会走火入魔，所以不用怕。

以上是调五事。我们在座上做功夫可以念佛，可以数呼吸，可以参话头，可以持咒，可以观想，各种方法都可以，如果是数息的话，最重要的是把自己分成两个人，不要去干预呼吸，因为现在你的呼吸是你最佳状态的呼吸，一个人该怎样呼吸还怎样呼吸，另一个人去数它，吸气不管，呼气时数，从一数到十，中间如果开小差或者忘了数到哪，就重新从一开始数；念佛的话，可以一口气念一个字，也可以一口气念一句阿弥陀佛，根据个人的情况，我的小经验是一口气送一个字，很舒服。数呼吸也好，念佛也好，持咒也好，关键是要专注，把自己的精力抢到我们的功夫上，因为如果说我们的精力是100%用在功夫上的时候，你身边炸一个炸弹都是和你没关系的。所谓把自己的精力抢到功夫上来，就是制心一处、无事不办、守一不移。所以要使劲把精力抢到功夫上来，这就是做功夫的技巧，我们可以先体验20分钟，这20分钟要一动不动，止语。

◇问：我一直都觉得自己很脆弱，不知道怎么办?

◆答：不要说你脆弱，每个人都脆弱，我们呼吸之间，这一口气上不来，大家都死了，没有人能活得下去，所以说不光你脆弱，每个人都很脆弱。

那么在这个无常的世界里面，在脆弱的这个生命里面，还有一个不脆弱的东西，比如刚才说的什么是成功的人，那个东西，你具足了那个东西的话你就不脆弱，是不是这个样子呢?

也就是说我们每个人都能够拥有坚强的意志力，都能够拥有很好的价值观，都能够拥有很好的习惯，都能够拥有很好的成见，等等等等这些东西，每个人都能够拥有。

当你知道你生命里面有一个摩尼宝珠，你之所以摩尼宝珠不能兑现，不能换成支票，那是因为摩尼宝珠还没擦亮，那么通过你的修行，通过你自己的努力，你就能够把自己的摩尼宝珠擦亮，当你擦亮它之后，你就会发现，你一点儿也不脆弱。

我们不用去想着如何保持什么，我们就能很快乐地过日子。我们现在之所以感觉脆弱，感觉无能，这不是你一个人的问题，可以说所有的人都会觉得脆弱，比如我吧，就觉得别人做事咋都那么容易，到了我这儿咋就这么难啊！（笑）我估计百分之八九十的人都有跟我一样的想法，每个人都感觉自己特别难，是不是这样？这是因为我们只看到别人在聚光灯下接受荣誉和成功，我们看不到他躲到厕所哭，躲到犄角旮旯使劲用功，每天四点半起床，你看不到，你看到的都是他在聚光灯下接受荣誉的那一刻，哇！我们看到他做事情咋那么快，实际他不知道练了多少遍了，他付出了多少代价我们看不到，我们看到的都是他咋那么容易成功，他咋那么方便。

所以，当我们发现自己脆弱的时候，就要找到我们脆弱的原因，每个人都脆弱。所以我有一个很坏的比喻，我说你这个人每天工作 8 小时你没戏了，每天工作 12 小时还有得救，每天工作 16 小时你必然成功！如何不脆弱？就是把自己的意识形态的东西给它清净了，给它调动出来，你就不脆弱了，当然佛教还有 N 多方法，教你什么空啊，什么放下啊，等等，那些东西说得比较玄，不好理解，我就用这个方式来解释，估计这样解释你会更容易接受一些，因为佛教有 N 多的法门，各种各样的理论，各种各样的对治方法，按我的话说佛教就是老油子，因为它左也说了，右也说了，它全说了，所以它总是对的。

所以不要觉得自己脆弱，我有一篇日记叫"因为跪着所以矮"。比别人低，是因为你跪着，你站起来就跟别人一样高。所以要有这个精神。当然这是说说，动动嘴皮子容易，真正去做的时候是很辛苦、很艰辛的事情，但是再辛苦、再艰辛也不要放弃，至少要朝着这个方向去努力。

◇问：我目前还只能单盘，单盘可以吗？

◆答：当然可以，盘腿只是让你坐得稳，你怎么坐得稳就怎么坐，因为坐的时间长了以后，你的身体柔软了，想单盘就单盘，想双盘就双盘，目前没有要求。

到禅凳上玩是最好玩的地方，等你一下能坐三小时以上，那就吃什么都没有打坐快乐，禅悦为食了。但是要想熬到一个半小时、两个小时、三个小时，这腿子关得过，过了腿子关，禅悦升起来，就不用说信心的问题了，打都打不出去。

◇问：有些风马旗上面都印了一些密宗的图像和咒语，那我们不是密宗的挂那个功德会不会就小了？

◆答：修密的、不修密的挂这个功德是一样的，唯一的区别是人家问你上面的意思你知道的不多，一样都可以挂，但是我们也要注意，不是随便什么地方都能挂，比如城市里面的话，城管就要管了。

◇问：禅堂里，房间周围可以挂吗？

◆答：刚才我们讲过信香达意，打坐时禅堂点香是用来提神的，古代也用来计时，否则连香都免了。挂这个也一样，你有挂这个的时间不如用来盘腿。因为你要知道挂这个的意义是什么，就像点香的意义是什么。知道这些就行了，要说功德的话，做什么事情都有。智者大师讲《妙法莲华经》的妙字就讲了 90 天，所谓九旬谈妙。因为你要胡思乱想就没完没了，所以不要去想那些事，我们的目标是打坐，所以我们多把时间精力用在打坐上。现在我们打坐 20 分钟，坚决不动，止静。

◇问：家人同事都知道我打坐，可他们不信，怎么说服他们相信？

◆答：对于不信的人可以悬赏，让他坐 20 分钟，也是好办法。有些人说我就是静不下来，我就是要动，我说那就看你命好不好，如果你命好就雇一个人，拿着鞭子，你一动就抽你。

◇问：睡觉还在造业吗？

◆答：睡觉一样在造业。昨天就有人问，怎么解释梦？佛教里面解释，梦有五种，绝大多数，99%都是日有所思夜有所梦，我们基本上都是处于这个状态；第二个占百分之零点零几的是身体不好，身体不好就容易做梦；第三种是预知将来要发生的事情，这是几辈子都遇不到的现象。我们会说，我白天并没有想的事，晚上怎么会梦到？难道是天人和我说话？每个人都觉得自己和别人不一样，总是把自己归入几辈子都遇不到的情况中去，其实是你没有捕捉到自己的念头，就认为自己没有想到，往往就否认自己是日有所思夜有所梦。因此我们应该明白，基本上我们的梦都和天人说话没关系、和亲情思念过度没关系、和预知将来没关系。佛陀曾经说我们一天一夜里有13亿的念头，平均每秒钟有两万个，所以我们总是觉得自己和别人不一样，所以老是觉得天人和自己说话什么的。现在我们知道了梦是什么，是妄想，我们的态度当然是不理就好了。

◇问：有些人想自己生意好起来，在家应该诵什么经？

◆答：多诵《药师琉璃光如来本愿功德经》，多诵会让你生意忙得连打坐的时间都没有，所以你自己决定喜欢还是不喜欢。这部经消灾祈福很厉害，你诵了这么长时间，肯定家里兴旺得不得了。

◇问：我以前的忍是一种压制，所以到一定的时候就要爆发出来，很痛苦。

◆答：所以要有可以砸的电视，要有疏通，现在你的脑子里面已经砸过电视了，咬牙切齿，我接受。你现在可以练习打坐、忍忍腿疼。你做到一点，你的生命质量就提高一点。

◇问：现实生活中同事之间的矛盾、排挤，甚至是争夺很难避免。

◆答：所以这个时候就是面红耳赤，那就没智慧，自己拿来痛苦了。如果你的功夫好一点，我忍，我接受，一咬牙，我承担了，我认了，你明天的日子就好过了。你如果是先骂了再说，你明天的日子就难过了。

◇问：做了以后马上又后悔，又轮回。

◆答：是啊，你面红耳赤这个时候，定力跑哪里去了？有自己的淡定后，你就减少了面红耳赤的机会。这就是功夫。

◇问：师父，我们应该怎样制定我们禅堂的共修时间。

◆答：这个你们根据实际情况自己定。我们今天刚来，定个20分钟，你们可以每周末在这儿诵完经，坐个半小时或者40分钟。以后，慢慢等一部分人能坐起来以后，就搞个三天的，每天六支香，早上三支，下午三支。每支香40分钟，20分钟行香，下午两点又开始。可以搞个两天或三天的，随着你们能力越来越强，能适应的"水温"就会越来越高。这个时候可以找个人来"镇压"（监香）一下，北京的林萃西里就是韦老师来"镇压"，谁都恨死他了，他老做坏人，老打人。这个人不好做，功夫要好，还要做"坏蛋"。你们可以尽快启动，可以先开始早上、下午各一支香，先把制度扶起来，我们到时候可以找个人过来，帮你们搞个三日、七日禅修，你们慢慢自己培养人起来以后，可以每个月来两次三日的。不用着急，当你在这里坐起来以后，这里的气场会越来越旺。像北京的赵州茶馆现在有会员一千多人，一到三日禅修还得先报名，择优录取。赵州茶馆一开始也是和你们一样，深圳那边也是这样，深圳那边搞了三年。你可以这样，弄个房间，想坐的可以去坐，然后念经完了必须坐，这样可以各取所需，又有保证，坚持下来氛围就起来了。

◇问：我们疑惑颠倒要以什么为法，什么为实有才可以破除一切颠倒？

◆答：首先，我们的颠倒是什么？可以说我们现在世间的颠倒都是因为我们越来越关注结果，越来越不关注过程。一千多年前，大慧宗杲禅师就说我们人心不古，现在一千多年过去了，我们现在更加人心不古。为什么说我们还不如古人呢？我们的知识越来越多，我们能看到知识的机会越来越多，我们能得到知识的机会越来越多，我们能理解事物的机会越来越多。

因有现代科技的帮忙减少劳动量，我们有了更多的时间来了解知识。那凭什么说我们人心越来越不古，能力越来越差，根器越来越差，我们差在什么地方？实际上，我们差在越来越关注结果，不关注过程！关注结果，不关注过程，直接表现在我们的"业"上面——就是我们现在的普世价值观是付出最小的代价，而想最快得到最大的利益。这会产生烦恼，因为这个是关注结果。比如感觉吃亏的烦恼。那么我们反过来用无为法的方法，只问耕耘，不问收获，那么我们还会吃亏吗？我们就不会吃亏了！因为耕耘的过程，就使得我们的习惯、价值观、成见得到了净化。所以我们现在的人颠倒的是去关注不重要的结果，而不关注最重要的过程。在佛经里面就把结果作为非坚固身，而把过程作为坚固身，所以我们颠倒的是拿非坚固身换取坚固身。要解决这个问题怎么办？很简单，就行无为法，只问耕耘，不问收获，关注过程，别太在意结果。为什么要这样呢？我们的习惯、价值观、成见是在做事情的过程中形成的，而习惯、价值观、成见这个"业"有三个特点：（1）会带到明天去。明天的明天的明天就到了下辈子，所谓"万般带不走，唯有业随身"。（2）具有指导性。我们说我们被"业"牵着鼻子走，实际上就是被我们的习惯、价值观、成见牵着鼻子走。我们做任何事来自我们的理想，来自我们的需求，都是被我们的习惯、价值观、成见指导的，或者说牵着鼻子走。（3）具有决定性。就是我们对事物好坏的判断。我们是生活在天堂还是生活在地狱，完全是由我们的习惯、价值观、成见所决定。所以我们要想过好日子，要想生活在天堂，其实什么也不用做，只要把我们的习惯、价值观、成见这个"业"改一改，改到一切都接受。很显然，一切都接受的时候，每个人都是好人，每个东西都是好东西，当下就生活在极乐世界。理想是这样的，但是现实生活中，我们的极乐世界是支离破碎的，我们的身边充满了"坏蛋"，我们经常要活在忍无可忍里面。可以这样说，"坏蛋"，忍无可忍都是因为我们本事不够。为什么我们把来破坏我们极乐世界的人称为"坏蛋"？"坏蛋"有个共同特点，对我们要求特别高，我们经常说老师是"坏蛋"，顶头上司是"坏蛋"，谁要是对我们要求太高、太严格，谁就是"坏蛋"，因为他老让我们做我们做不到的事情。那么我们换个角度来想想，这些"坏蛋"都是来要求和监督我们能力、素质更高，那这样的话，他是善知识啊，所以"坏蛋"是个菩萨呀！我们如果这样想，那么"坏蛋"是不是就消失了，我们的极乐世界就圆满了。所以，要想我们的极乐世界圆满，就要把我们身边的"坏蛋"去除掉。最简单的办法就是，"坏蛋"来了，马上给他套上"坏蛋"菩萨的帽子，这样我们就一切都能接受了。当我们一切都接受的时候，是不是就生活在极乐世界？我们之所以不能接受，之所以还有"坏蛋"，是因为我们本事不够，我们不能实现"坏蛋"对我们能力提高的要求，所以我们生活里面就不能极乐。那现在要怎么办呢？我们要努力提升自己，就是庄严国土。我们有能力之后再去帮助别人，这就是利乐有情。这就是佛教的精神。要想解决颠倒的问题，记住，直接行无为法，我们就超凡入圣了！

◇问：禅宗中，究竟达到怎样的标准算明心见性？

◆答：是否明心见性实际上就是开悟了没有。关于这一点，自古以来都是"如人饮水，冷暖自知"。这其实说了等于没说，但是这是最权威、最正确的，偏离了这八个字肯定是不对的。因为开悟有说都不对，所以只能用"如人饮水，冷暖自知"来解答。历史上没有描绘过什么叫明心见性，只有雍正皇帝回答了什么是明心见性。在他的《御选语录》的《序》里这样解释："学人初登解脱之门，乍释业系之苦，觉山河大地、十方虚空，并皆消殒。不为从上古锥舌头之所瞒，识得现在七尺之躯，不过地水火风，自然彻底清净，不挂一丝，是则名为初步破参，前后际断者。"破参就是明心见性，就是开悟。这里最重要的一点就是"乍释业系之苦"，"业"就是我们的习惯、价值观、成见。也就是说，我们现在被僵化和束缚的习惯、价值观、成见，在开悟的一瞬间，突然被解放了，全部放下了。这就是开悟最大的特征，从这一点来看，我们的习惯、价值观、成见的解放是无止境的，所以开悟也是个永无止境的道路。

◇问：古代的祖师，他们总是讲明心见性，他们有没有讲过神通什么的？

◆答：阿弥陀佛，我们月湖精舍这次打七，已经十几天了。两个七了，非常好。那么打七可以说是佛教里面最高级的一种修行方式，也是正法里面最典型的一种代表。因为可以这样说，我们现在很多人所谓的学佛啊，他都是档次太低，非常非常的低。比如都是，来圆一些什么梦啊，或者是一些稀奇古怪的东西啊，再天上来一个什么异象啊。追逐一些表面现象的东西，他是以修这个为目标。很多人就是修出灵异来，修出不伦不类来。所以呢我们现在这种修法，打七是非常正的。灵异是怎么回事呢？古代的祖师说，它实际上就是一种通。比如在古代的祖师就给我们定义了，通有五种。

第一种，最低层次的叫妖通。我们很多人学佛就学的是妖通。把自己学的当妖怪一样，叫妖通。比妖通高级一点的呢，叫报通，报通是什么呢，我们叫报身报应，就是报通。第三种叫依通，依通实际上就是叫依照因果发展的规律，也可以说就是现在的科学，叫依通。那么第四种，神通。神通我们经常说，打坐容易出神通，四禅出神通。最后一种，才是道通。也就是说，最高级的是道通，最低级的是妖通。我们打七是最高级的，修道。而现在学佛的人很可怜，是修到妖通上面去了。比如祖师怎么比喻妖通呢，他说，妖通是这样定义的："狐狸老变。木石精怪。神附傍人。聪慧奇异。"祖师的话就总是搞得很漂亮啊，每一种他用十六个字。妖通的第一个形容就是，"狐狸老变"。就是说各种动物的附身，"狐狸老变"，有一些山野的宿精神怪，叫"狐狸老变"。那么现实生活中，有很多很多。比如在我们古代的聊斋里面有过很多，描述这个"狐狸老变"。"木石精怪"，就是说木头石头他也会出现一些变异的东西。那么"神附傍人"，就是说我们的精神呢，就是附体。傍人，我们北京话就是傍大款。那个鬼怪呢，就是附身。就是"神附傍人"。然后最后就要做到"聪慧奇异"。"聪慧奇异"不好理解的话，最典型的比如说打坐能够使身体好，就说那我现在有一个基督徒亲戚，他现在身体不好了，我要教他打坐，通过打坐让他身体好了，他以后就学佛了。这个实际上就属于"聪慧奇异"。为什么，因为他的目标不纯。用这种聪明的办法达到所谓的修正法的目的。好像学佛才是正。其实呢，是错的。我当时就说，你不要管他学不学佛，信不信佛，我们一门心思就希望他身体好，这才是正法。我们想通过那种让他打坐身体好，然后因此放弃这个基督的信仰来信仰佛教，这已经走歪了。所以在古代的祖师里面，这都属于"聪慧奇异"。聪明，很聪明，很有智慧，很奇怪，很奇特。比如很多人他长得很奇怪，或者是有一些奇奇怪怪的本事。这都是属于妖通。你看我们是不是很多人学佛，目标都朝着这方向去的。很可怜。比如天上出现一个什么云层，有人就会用这个云层来推断一些事情。我在山东的时候，有一个人给人家看香。山东那边流行这个：燃一炷香，看那个香的烟往哪个方向走，然后判断一些事情。这个人呢，可能是很可怜，我估计可能初中都没上过，没什么文化。那天他就非要供养我，心是很好，一听我来了，就拼命供养。供养半天以后就问问题，问了很多问题。其中有一个问题问我，你有没有见过放光，因为他认为学佛就是放光啊什么，然后我当时就对他说："放光有什么好奇怪的，我现在放光给你看。"我说："你看，我身体37℃，外面现在只有25℃，这里面有12℃温差。你看我现在是不是往外发射红外线，你看见没有？"结果他听得是眼睛瞪得溜圆，听半天，没看到。不知道。也就是说什么叫"红外"不知道。可能他没上过初中，没学过物理。生活中也没人和他说过"红外"这个词，非常可怜。但是他就认为，这是一个非常高深的学佛的目标。他之所以可怜，是因为他把妖通当作佛教信仰的终极。

我们要知道，这妖通实际上是最低级的。也可以这样说，我们现在很多很多学佛的人还混在这个妖通里面爬不出来。所谓的"狐狸老变。木石精怪。神附傍人。聪慧奇异"，都属于妖通。事实上这里面，最大的问题是什么？是二元对立的心非常强烈，他才会有这些问题。

第二种报通。那么祖师怎么定义这个报通呢，"鬼神逆知。诸天变化。中阴了生。神龙隐变。"这是报通。就是说，报通就是"鬼神逆知"。那么我们都知道，鬼神是有一些神通的。但是，为什么他比我们人还低呢？比如说我们人做梦，那么鬼会有一些托梦，他就压着你的身体通过逆变的逆知方法，"鬼神逆知"，就属于这个道通。我们人的报身是什么，比如我们做了好事，那么报应的结果就是受表扬，我们做了坏事，报应的结果就要受惩罚嘛。鬼神呢，这时候用一些手段啊，给你反过来一下。"鬼神逆知"，所以呢这些报通实际上也是很低级的。但是呢，比妖通要强很多啦。所以呢，"鬼神逆知"，"诸天变化"，天人，我们说鬼和神，有这些功能，天也一样。天，诸天，诸天就会有一些变化。因为他的报应身有这个能力，使得我们就很羡慕他，所以你看我们，可以这样说，"鬼神逆知，诸天变化"，这就已经可以说，很多学佛的，已经觉得奇妙得不得了，恨不得学佛什么时候达到这个境界，这都很可怜。大家想一想我们身边很多学佛的都这样。那么"中阴了生"，我们都知道，死亡之后到达了中阴身。中阴身是什么呀，不管是鬼神也好，诸天也好，我们人类也好，中阴身也好，他的习惯、价值观、成见都是一样的，都是跟我们这时候的习惯、价值观、成见一样。比如中阴身去投胎，他还是按照他当时的习惯、价值观、成见去的。所以我们修是修什么，是修我们的习惯、价值观、成见，所谓的"随缘消旧业，更不造新殃"。而不是说我们要这样变一下那样变一下，鬼神逆知一下，修一个将来能变成稀奇古怪的。这都很悲哀。这叫作报通。所以呢，"鬼神逆知。诸天变化。中阴了生。神龙隐变。"高级一些的动物，比如神龙，神龙一般就是被我们定义为阿修罗族，他有一些变化，有一些能力，就属于报通。就是说，这些生命形式，他的这个报应身有这些能力，那么就被归纳为报通。

第三种依通。再高级一点是依通。依靠的依，依通。那么依通，祖师是怎么定义的呢？他是说，依通是"约法而知。缘身而用。乘符往来。药饵灵变。""约法而知"，就是说我通过因果规律，知道你的这个法。那么比如昨天晚上上的这个火车，今天坐了什么车次，今天几点会到武汉，我只要一查火车时刻表，这叫"约法而知"。这实际上就是一种科学，是不是？"缘身而用"，我们这个身体是一个条件，实际上就是，缘身，缘是条件，身体呢我们这些应用，比如热啊冷啊，到点该吃饭啊该睡觉啊等等等等。也就是说你通过这些自然的规律，就能够知道结果，实际上就叫依通。在古代，那个很多，我们现在很多功能没了。"乘符往来"，符是什么，道教就是画个符，他可以通过这个符来来往往。现在我们科学还没有接受这个"乘符往来"。这个"乘符往来"实际上就是一种科学。那么最后一个"药饵灵变"，"药饵灵变"是什么，就是我们吃的是什么药，今天发烧了，吃的是退烧药，高烧就降下来了。这不就是很科学的嘛。所以依通代表了我们所谓的现代科学。现代科学在佛教里面还只是第三层次。这就是我们的现状。当然了，妖通我们是很看不起的。报通是根据因果报应，他的生命以前种的因有这个能力，报通。依通就是我们缘念因果关系，依靠自然发展规律，实际上就是我们的现代科学就叫依通。

第四种神通。那么到了更高一级呢，就是神通。神通就是：

静心照物。宿命记持。种种分别。皆从定力。比如我们现在吵架吵得面红耳赤，这个时候我们的智商等于零，外面发生了什么我们都不知道。比如你现在听我讲话，可能基本上听不到外面的汽车声音。但是我如果不讲话，我现在如果打坐安静下来的话，外面的汽车声音是很大的，是不是？那么我们通过安静以后的"静心照物"，我们就能够发现很多细节，也就是说我们对外觉知的观察度和灵敏度越来越高，观察的广度越来越广。这是"静心照物"。"宿命记持"是什么，我们比如说记起来以前的事情，那么这属于神通，比如我们今天记昨天的事情，就能记很多，昨天很多事情，我们是不是基本能记得住。那么如果现在你心很乱，昨天的事情就记不住，是不是？如果你心越安静，昨天的事情就记得越多。你心越安静，以致安静到非常深的程度，你上辈子的事情就能记住。"宿命记持"，这被归纳到神通里面。所以神通从安静来。"静心照物。宿命记持。种种分别。皆从定力。"这就是神通。"种种分别"呢，都是通过你的心的安静，就是定力得来的分别。这就是神通。现在我们很多人追逐神通，实际上是追逐妖通。只不过他把妖通当神通来追逐。你的心越来越安静，你的分别能力越来越强，这才被定义为神通。

第五种道通。其实前四种通呢，都还不是圆满的。我们要追逐的是什么，最后追逐的是道通。什么是道通，祖师是这样定义的："无心应物。缘化万有。水月空花。影像无主。"那么这个"无心应物"，我们一直说，我们做功夫，要做到什么程度？"无心应物"，这里面无心应物最典型的是什么？我一个比喻呢就是眨眼皮。比如现在我们叫你眨一下眼皮，你现在很费劲。但是无意识的，风一吹过来，你眼皮就掉下来了。是不是，"无心应物"。风一吹过来，我们眼皮就掉下来，一点不费劲，这是什么原因？是因为我们自然的反应，无心的。比如这个杯子，你要是装满了水，再往里面去装东西就装不下了，是不是？它必须是空的，你才能再往里面装点东西。也就是说，我们现在人的这杯水，或者叫"业"，这个缸，"业缸"，我们的业缸装满了我们原来的习惯、价值观、成见，我们因此就被原来的习惯、价值观、成见给麻木和僵化了，别的就装不进来了。现在我们所谓的打坐，所谓的修行，所谓的开悟都是什么呢，就是要把我们原来的习惯、价值观、成见统统扫掉。这样我们将来才会"无心应万物"。就是我经常比喻的，（明一法师"咚，咚"敲了两声。）两声之间，我们现在还可以再做一个实验。比如我第一声敲完以后你们就专注地听我第二声敲，你们听有什么不一样。现在大家就把注意力专注过来，闭上眼睛，把所有的注意力都收摄到这个第二声上面来。我第一声一敲，你们就全部专注过来。（明一法师敲了一声，隔了几秒又敲了一声。）那么我现在问你，刚才两声木鱼之间你在干什么？在等，是不是？在等。而且是怎么样等？非常专注地等。如猫扑鼠一样地等。直接就把耳朵搁在这个地方等。是不是这样？也就是说，那个时候在那个等的过程中，你的妄想插不进来，你的瞌睡插不进来，是不是？所谓的全身心地在等。也可以说这个时候就是什么，就是"反闻闻自性。"就是什么，就是都摄了六根，眼、耳、鼻、舌、身、意刚才是不是全部都摄在这里来了？我们刚刚这种做功夫的方法是什么？实际上按我的话就是我们的精力只有一个，"一"就是百分百。刚才如果是百分之百，百分之百的精力都在这两声之间的时候，那时候就完全"都摄六根，净念相继"。是不是？就是完全的反闻闻自性。百分之百的精力完全被我们抓到功夫上的时候，这是什么，这就是禅宗的"壁立万仞"，这就是禅宗的如"蚊子叮铁牛"，所以这时候就是老禅堂里面说的"功夫就是铁扫把"。这时候你身边炸一个煤气罐都跟你没关系，你的心完全专注在功夫上面。所以事实上这个状态就是一真法界，就是大光明藏。我们学佛就是要学成这个状态。在这个状态的时候是不是就是"无心应万物"。（明一法师敲了一声木鱼。）你时时刻刻可以等待，可以处理，可以解决任何的事情。所以佛实际上就是24小时都在这个状态。我们刚才叫你为什么不能保持那个时间太长。因为一会儿你们要像那个如猫扑鼠一样把全部的精力都抢过来的话，用不了一分钟就全趴下了，体力不支。是不是这样？我们现在要修就是要修成这个状态。这种状态就叫"无心应物"。因为我们有心应物都是什么？分别，二元对立。所以道通，道通是什么，就是"无心应物"。我们无心就可以应万物。这个杯子是空的就可以装任何东西。我们现在这个"业缸"就被我们现在的这个价值观全部给污染了，搁在里面了，僵化了，麻木了。所以我们现在就是要把这些"业"给它解放掉。这样的话我们就可以做到"无心应万物"。我们有心都是在分别，是不是？所以《地藏经》里面就在讲，我们阎浮提众生呢，就是"起心动念，无不是罪，无不是业"。为什么呢？因为我们一起心动念都是什么，二元分别。所以事实上我们如果能够修到一真法界，也就是说禅宗里面做功夫，把百分之百的精力抢过来做功夫。将来做功夫变成了眨眼皮这样的话，功夫就算到家了，了生脱死就有希望了。所以呢，"无心应物"就是我们要最终达到的一个目标。"无心应物，缘化万有。"这时候你想，无心应物是不是应万物？缘化万有，我是不是只要知道你有什么条件，任何事情我都能够明白，都能够了解。所以你看道通，是不是多神奇？这时候你就会知道水月空花，一切是不稳定的，随时准备着，是不是？"影像无主"。影像都是什么，不稳定的。事实上，这里面就证得了佛教里面的，也就是世间一切的真理无常。科学叫变化不定。这时候就自然而然地契入这个"道"里面，无常的"道"里面。所以呢，道通才是我们最高的境界。就是：无心应物。缘化万有。水月空花。影像无主。为什么我们要打七，要做功夫，费这么大劲在这个地方熬腿子呢，实际上就是要使得我们那个专注变成一种习惯，跟眨眼皮一样。到时候你这种专注就是百分之百的功夫，说专注过来就专注过来。你百分之百功夫做到的话，你就"无心应物"了。你想，如果能做到这样的话，你下面的那些神通，刚才讲的回过头去再想，那些神通，"静心照物。宿命记持"，那时候你想记什么都能记了。是不是？都很简单了。再往下，"约法而知"，依通，报通，妖通，你说哪个我们不能具足？所以，道通涵盖了一切的通。所以不要去追逐这些低层次。古代就有说打坐双盘是金佛，单盘就变成铜佛啦，最后是泥菩萨。是不是这样的？他就是说你的这种做功夫的方法。我们为什么要打七？实际上就是我们要往这个道通上会。这个"无心应物"是什么，实际上就是要修到刚才那两声木鱼之间的那种状态。这两声木鱼之间的状态也很简单。就是说我们的精力只有一个，一，就是百分之百。你百分之百全抢过来的时候，就已经到了无心应物了。因为你已经没有，你想一下，你百分之百的精力全抢过来你还有什么心呢？这时候没有分别，没有妄想，没有无记，没有昏沉。身边炸一个煤气罐都跟你没关系。是不是这样？所以呢，这个才是我们最最重要的。所以来果老和尚能自己来一刀把肝脏切一块出来。实际上就是什么，专注到那个份儿上就跟他没关系了。很多人觉得来果老和尚这一下子不是奇异吗？属于妖通。其实人家是道通。因为他到了这种"无心应物"的状态。我们以妖门之心，看来果老和尚圣人之心，就把来果老和尚归纳为奇异的妖通里面去了。是不是这样？所以要明白我们的目标是什么。我们的目标是要修到"无心应物"。道通，在祖师的话里面，"道通则自然现"。一切就都有了。所以我们就不要去追逐别的东西，我们就去追逐什么，就是追逐如何把我们的心力百分之百地抢过来。把这个精力百分之百抢过来的时候，这就是禅宗的"壁立万仞"，就是禅宗的"蚊子叮铁牛"，就是我们现在禅堂里面说的"功夫就是铁扫把"，一切全扫干净。一切的妄想，一切的昏沉全扫干净。你有一点点分岔扫出去，都是什么，"毫厘有差，天地悬隔"。全都走了。需要百分之百，所以百分之百的时候，就是一真法界，就是大光明藏。所以呢功夫就在这个地方做。我们现在老禅堂里面的人基本上没讲到这么多，但是他还讲到"功夫就是铁扫把"，扫净一切的妄想，扫净一切昏沉。"功夫就是铁扫把"，实际上就是百分之百，因为我们的心力是一个。一个就是百分之百。百分之百抢过来，你就是铁扫把。你有一点点缝的话你这扫把就有缝，灰尘就会扫不干净，你这个就不是"壁立万仞"，你这就不是"蚊子叮铁牛"，你这铁牛就有缝，蚊子就叮得进去。所以做功夫就是去训练怎么把这个精力、这个功夫抢过来，把心力抢过来。那么我们现在腿子疼，这个心力就被腿子疼给牵走了；瞌睡，精力又被瞌睡牵走了，所谓的"不得做主"。是不是这样？你现在功夫抢过来了，你就做主了。而且还不光是靠精力、靠意志力去抢。要做到功夫"时时刻刻随便抢"，就跟眨眼皮一样。随时都是百分之百抢在手里的。这就是功夫。所以呢，"功夫就是铁扫把"。你有百分之百的铁扫把的功夫的时候，你直接就在一真法界，是不是？就一直在这个"无心应物"里面了。

所以呢，我们要明白，我们学佛、打坐，为什么说打坐这一法高，就高在这个地方了。你看，我们往那儿一坐，实际上是什么，就是在抢功夫嘛。是不是？抢精力。很简单，我们就是这样做功夫。

那么今天就讲到这个地方了。大家这几天很辛苦，早点休息。耀彻师呢，以后有机会把来果老和尚的禅堂开示录整理出来。来果老和尚的这个禅堂开示录特别细，从一开始做功夫到最后他全讲了。这是一个，来果老和尚的。第二个呢，是虚云老和尚的禅堂开示录，这两个是现在比较流行的。把这两个有机会介绍给大家，像现在这个耀彻师可以说填补了一个空白。前面这几天每一天的录音呢，就是把禅修的意义、为什么要打坐，等等讲了很多。后面有机会还可以更深入一些。我们还想着办一个禅修入门的讲座。以后如果能够把这些整理出来出一本书，那么下一次打七照这个念就行。

然后有机会再把虚云老和尚、来果老和尚的这些禅堂开示融合进去。这些讲得非常细、非常透彻。

那么我刚才讲的五种通呢，大家就明白这个道理。知道我们现在有多高贵，是所谓的佛家种草。我们那个种子呢，是很纯净的，叫作纯马，这个马，是很纯的种子。所以我们要明白打坐这一法是非常高贵、非常难得的。

致谢

本书付梓之际，出版者感谢明睿居士拨冗作序并提出宝贵意见，明洁居士确定本书的英文书名。

感谢法眼寺及各位师友提供照片，照片立意和编排结构紧扣文稿，与内容相辅相成，为本书增光添彩。

设计师明境居士及摄影师李伟居士，一如既往地为禅·生活系列图书贡献自己独到的创作，谨致谢忱。

明果居士为本书的出版做了大量的前期工作，担任本书特约编辑，并提供出版资助，其护持之热忱令人感佩。

更要感谢众多在幕后辛勤付出却没有留下名字的人。

本书的出版发行，融会了净慧长老"大众认同、大众参与、大众成就、大众分享"的精神，亦是大众智慧与觉悟的结晶。

编辑中，诸方典籍虽经核对，难免有漏失之误，恳请方家赐教为幸。

中国商务出版社编辑部

2016年9月

图书在版编目（CIP）数据

忍耐的力量 / 常通著 . -- 北京：中国商务出版社，
2016.8
ISBN 978-7-5103-1617-3

Ⅰ . ①忍… Ⅱ . ①常… Ⅲ . ①人生哲学—通俗读物
Ⅳ . ① B821-49

中国版本图书馆 CIP 数据核字 (2016) 第 214722 号

忍耐的力量
RENNAI DE LILIANG
常　通　著

出　　版：中国商务出版社
地　　址：北京市东城区安外东后巷 28 号　　　邮　　编：100710
责任部门：经管与人文社科事业部（010-64255862　cctpress@163.com）
责任编辑：刘文捷
直销客服：010-64255862
传　　真：010-64255862
总 发 行：中国商务出版社发行部（010-64266193　64515150）
网购零售：中国商务出版社淘宝店（010-64286917）
网　　址：http://www.cctpress.com
网　　店：http://cctpress.taobao.com
邮　　箱：cctp@cctpress.com
排　　版：北京华彩博文文化传媒有限公司
印　　刷：北京京都六环印刷厂
开　　本：880 毫米 ×1230 毫米　　1/32
印　　张：彩色：1　双色：7.5　　　　　　字　　数：162 千字
版　　次：2016 年 9 月第 1 版　　　　　　印　　次：2016 年 9 月第 1 次印刷
书　　号：ISBN 978-7-5103-1617-3
定　　价：49.00 元